KB202510

60
갑
자

일
주
론

경채 쌤의 기초명리학

60갑자

일 주 론

김경채 지음

좋은땅

'나를 알고 적을 알면 백전백승'이라는 말이 있다. 이 말은 상대의 성격과 기질을 알면 내가 처세를 어떻게 해야 하는지 단번에 알 수 있다는 말이다.

복잡한 세상, 치열한 경쟁 구도 속에서 살아남으려면 남보다 뭔가 하나라도 튀어야 하고 능력이 안 되면 배짱이라도 부려야 살 수 있는 시대가 되었다. 강한 자만이 살아남을 수 있는 것이 인간의 역사인 만큼 우주 역시 에너지가 강한 쪽으로 물질이 끌려오는 흐름이다.

사주도 단순하게 크게 두 가지로 요약할 수 있다.
근이 있는 신강 사주인가?
근이 없는 신약 사주인가?

근(根)이 강한 사주는 밀어붙이는 힘이 강해서 처한 현실이 아무리 어려워도 쉽게 포기하거나 굴복하지 않고 홀로서기해서 끝까지 나아가 성공을 하게 된다.

반대로, 근(根)이 약하거나 근이 아예 없는 사주는 가다가 중도에 포기를 잘하고, 자신의 의지대로 삶을 사는 것이 아닌 은근히 부모, 형제나 남에게 의지하려는 마음이 강하다 보니 남의 눈치를 살피면서 올곧게 자기 인생을 살지 못하는 삶이 될 수 있다.

나의 삶을 산다는 것은 가고자 하는 목적과 방향성을 확실히 설정하고, 남의 것이 아닌 나의 잠재력과 숨은 재능을 찾아내어 그것을 차곡차곡 키워 나가서 남과 다른 나만의 삶을 채워 나가는 인생 여정이라고 생각한다.

사주는 시공간을 뜻하는 것으로 천간은 하늘이요, 지지는 땅이니, 나에게 주어진 시공간을 통해 멋진 드라마를 펼쳐 보이는 주인공이 되는 것이다.

내가 사주의 주인공이고, 주변의 환경과 인연들은 다 나를 빛나게 하기 위한 부대시설이고 조연 배우들인 것이다. 우주에서 볼 땐 다 연극이고 드라마 한 편을 열심히 찍고 살아가고 있는 모습으로 볼 수 있다.

사주는 네 가지 기둥을 가지고 있는데 연월일시라는 기둥이다. 첫 번째 연주는 조상 자리요, 나의 전생과 연관된 자리며, 내가 태어난 고향이며 국가 자리의 상징이다. 두 번째 월주는 부모와 형제 자리요, 내가 자라 온 환경과 배경이 되는 자리요, 사회적 활동 무대요, 직장 자리인 것이다. 세 번째 일주는 바로 나의 자리다. 내가 주인공이 되어 사주를 펼쳐 나가는 자리요, 나의 타고난 재주, 능력을 알 수 있는 곳이며 나의 미래 배우자가 누구인가를 아는 자리요, 조상·부모·배우자·자식의 인연 관계를 통해 나를 정립할 수 있는 자리다. 그러니 내가 중심이 되어 살아가는 자리다. 네 번째, 시주는 나의 미래, 중년 노후를 의미하는 자리요, 자식 자리이며, 나의 중년 사업장이 되는 자리다.

네 기둥이 다 중요하지만 세 번째, 일주인 내가 중심이 되어 사주를 이끌어 나가므로 자신이 태어난 생일을 제일 귀하고 소중하게 생각하고 축복하고 있는 것이다.

우리는 각자가 태어나면서 나만의 고유번호를 받게 되는데 바로 주민등록번호다. 나와 똑같은 주민번호를 가진 사람은 이 세상에 단 한 명도 존재하지 않으니, 결국 내 인생은 누구와도 비교될 수 없는 나만의 고유성이 있기 때문에 나를 먼저 알고 나에 맞는 삶을 살아야 그것이 행복하고 내가 원하는 삶을 살아 나갈 수가 있다는 의미인 것이다.

내 것이 아닌 남의 것을 따라 십 년, 이십 년 세월을 허비하지 말고 나의 생년월일시에 저장된 숨은 능력을 살려서 그것을 다른 오행과 더불어 성장시켜 나간다면, 스스로의 만족도를 얻고 행복한 삶을 영위하며 자신의 영적 진화에도 큰 도움을 줄 수 있으리라 확신한다.

그러므로 내가 누구인가를 먼저 알고 나의 근성과 내가 가지고 태어난 재능을 바로 알아차려서 나의 근기에 맞는 직업선택과 배우자를 잘 선택하여 흐뭇한 인생을 살면서 사회와 더불어 소통하고 유익도 줄 수 있는 그런 분으로 나아가시길 바라는 마음으로 일주론을 쓰게 되었음을 밝힌다.

우리 한 사람, 한 사람은 모두가 존귀하고 소중한 생명이며, 무한 대 우주의 기운을 그대로 받고 태어난 별이요, 행성이기도 하다.

사주는 음양에서 출발했고, 그 음양에서 오행이 나왔으며, 그 오 행 안에는 한난 조습의 기운이 들어 있어 수시로 바뀌는 오감인 우 리의 감정을 낳았다.

사주는 천간의 공간성과 지지의 시간성을 말함인데 지구와 가장 가까운 별인 태양의 공전 주기와 지구 주위를 돌고 있는 달의 자전 주기를 통해 규칙적으로 일어나는 변화의 흐름을 인간사의 연월일 시에 대입해서 수천 년 동안 데이터화한 학문이기에 정확성이 있는 프로그램이라고 할 수 있을 것이다. 특히 서자평 이후로 일간인 나 를 중심으로 하는 학문으로 펼쳐지면서 일주인 내가 중심이 되어 사주를 운영하는 운영자가 되고 하늘과 땅인 천간지지의 주인공이 된 것이다.

내가 태어난 날은 우주로부터, 조상으로부터, 부모로부터, 나의 전생으로부터 길게 연결되어 내려온 기운으로 DNA 속에서 대물림되었기에 저마다의 소질과 능력이 다 다를 수밖에 없는 것이고 나의 능력을 외면하고 남 쫓아가 봤자 더디기만 하고 소용없는 일인 것을 여러 삶의 체험을 통해 알게 되는 것이다.

일간을 기준으로 하여 어떤 분은 공적인 능력이 뛰어나 크게 국가를 위해 그 쓰임을 다하는 인재가 되고, 어떤 분은 평범하게 사회의 일원으로 만족하며 안정적인 직장 생활을 하며, 어떤 분은 직장 생활에는 잘 맞지 않고 사업적 수완이 좋아서 개인적 사업이나 영업을 잘하며, 어떤 분은 예능 방면에 재능이 탁월하여 춤이나, 행위예술, 글이나 그림, 작곡, 노래, 연기 등으로 뛰어난 재주를 표현하며, 어떤 분은 몸의 근육이나 운동신경이 발달해서 뛰어난 운동선수로 활약하며, 어떤 분은 손재주가 뛰어나서 무언가를 만들고 창조하며 아름답게 꾸미는 능력이 탁월해 남이 하지 못하는 세밀하고 어려운 작업을 수월하게 하며, 어떤 분은 지혜나 아이디어를 가지고 발명이나 특허를 낸다.

이렇게 무수히 많은 재주와 특기는 태어날 때부터 잠재의식의 저 안쪽 내 몸에 프로그램이 설계되어 있는 것이기에, 신동이란 소리도 듣고 한 번 보면 바로 따라 하는 능력이 생기게 되는 것이다.

특히 지금의 후천운 시대에는 내가 주인이라는 개인의식이 커짐에 따라 자신의 노력과 창조력으로 조상과 부모가 살던 방식에서 벗어나 새로운 삶의 패턴으로 성공적인 삶을 살아가는 사람들이 늘고 있는 추세다. 이것 역시도 내가 가지고 나온 일주의 숨은 재주를 제대로 잘 활용하는 사람으로 봐야 할 것이다.

이런 분은 잠재의식에 숨어 있는 나만의 재주를 새롭게 디자인하여 사주를 재프로그램밍하는 분임을 알 수 있다. 내가 가지고 나온 재능이 네가 될 수 없고 네가 가지고 태어난 끼가 내가 될 수가 없으니 한 사람, 한 사람이 누구의 비교 대상이 되어서는 안 될 것이다.

이러한데 아직까지도 우리나라 학교 교육을 바라보면 초등생에서부터 대학생에 이르기까지 좋은 직업을 강요당하고 모판처럼 짜인 네모난 틀에 학생들을 강제적으로 집어넣고 묶음교육을 강요하고 있으니 지금의 빠르게 변화하는 시대에 맞지 않는 현실이 안타까울 뿐이다.

공부와 전혀 인연이 없는 아이를 억지로 책상 앞에 앉혀 두고 다른 아이와 비교하며 공부를 강요하니 탈선이 생기지 않는 것이 이상하며 반항심이 생기지 않는 것이 이상하지 않는가?

나라는 존재는 고유성을 타고났기에 남과 비교해서는 안 될 것이다. 먼저 나의 무기가 뭔지를 알아야 한다. 내가 태어날 때 제일 관심 있어 하고 잘하는 것이 무엇인지를 먼저 발견하는 것이 중요하다.

　사람은 60년을 1갑자로 해서 삶을 살아가는데 각각이 그 특징과 기운이 다 다르고 특히 태어난 날의 기운이 주도가 되어 내 인생을 어떻게 살아가면 좋을까를 결정하게 된다.

　요약해 보자면, 천간 10개, 지지 12개를 조합해서 60가지의 형태로 일주 60갑자가 만들어졌다. 따라서, 10천간, 12지지의 물상과 의미를 시작으로 60갑자의 일주 하나하나의 물상의 기운을 소개하고 성격과 특성, 12운성, 지장간의 모습과 활용성, 직업 특성, 배우자 인연에 대해 요점으로 설명해 놓았다. 직업과 배우자 관계는 사주에서 다른 인자도 함께 보아야 정확성이 있을 수 있으니 대충 의미만 파악하면 될 것이다.

　간혹 띄어쓰기나 글자의 틀림이 있을 수 있다. 처음 책을 출간하다 보니 어설픔이 있으니 넓은 아량으로 이해해 주시면 감사하겠다.

목차

머리말 1 · 4

머리말 2 · 8

1. **10천간의 물상과 의미 · 17**

1) 천간 甲(木)의 물상과 의미 · 18

2) 천간 乙(木)의 물상과 의미 · 20

3) 천간 丙(火)의 물상과 의미 · 22

4) 천간 丁(火)의 물상과 의미 · 24

5) 천간 戊(土)의 물상과 의미 · 26

6) 천간 己(土)의 물상과 의미 · 28

7) 천간 庚(金)의 물상과 의미 · 30

8) 천간 辛(金)의 물상과 의미 · 32

9) 천간 壬(水)의 물상과 의미 · 34

10) 천간 癸(水)의 물상과 의미 · 36

2. **12지지의 물상과 의미 · 39**

1) 자(子)의 물상과 의미 · 40

2) 축(丑)의 물상과 의미 · 42

3) 인(寅)의 물상과 의미 · 45

4) 묘(卯)의 물상과 의미 · 47

5) 진(辰)의 물상과 의미 · 50

6) 사(巳)의 물상과 의미 · 52

7) 오(午)의 물상과 의미 · 54

8) 미(未)의 물상과 의미 · 56

9) 신(申)의 물상과 의미 · 59

10) 유(酉)의 물상과 의미 · 61

11) 술(戌)의 물상과 의미 · 63

12) 해(亥)의 물상과 의미 · 65

3. **일주론(60갑자) · 67**

1) 갑자일주(공망-술해) · 68

(1) 甲子(갑자)일주(정인·목욕) · 68

(2) 乙丑(을축)일주(편재·쇠지) · 73

(3) 丙寅(병인)일주(편인·장생) · 79

(4) 丁卯(정묘)일주(편인·병지) · 82

(5) 戊辰(무진)일주(비견·건록·백호대살) · 86

(6) 己巳(기사)일주(정인·제왕) · 91

(7) 庚午(경오)일주(정관·목욕) · 96

(8) 辛未(신미)일주(편인·쇠지) · 100

(9) 壬申(임신)일주(편인·장생) · 106

(10) 癸酉(계유)일주(편인·병지) · 110

2) 갑술일주(공망-신유) · 115

(1) 甲戌(갑술)일주(편재·양지) · 115

(2) 乙亥(을해)일주(정인·사지) · 120

(3) 丙子(병자)일주(정관·태지) · 125

(4) 丁丑(정축)일주(식신·백호대살·묘지) · 129

(5) 戊寅(무인)일주(편관·장생) · 134

(6) 己卯(기묘)일주(편관·병지) · 138

(7) 庚辰(경진)일주(편인·괴강) · 143

(8) 辛巳(신사)일주(정관·사지·천록귀인) · 147

(9) 壬午(임오)일주(정재·태지) · 151

(10) 癸未(계미)일주(편관·묘지) · 155

3) 갑신일주(공망-오미) · 160

(1) 甲申(갑신)일주(편관·절지) · 160

(2) 乙酉(을유)일주(편관·절지) · 166

(3) 丙戌(병술)일주(식신·묘지·백호대살) · 171

(4) 丁亥(정해)일주(정관·태지·천을귀인) · 175

(5) 戊子(무자)일주(정재·태지) · 180

(6) 己丑(기축)일주(비견·묘지) · 184

(7) 庚寅(경인)일주(편재·절지) · 188

(8) 辛卯(신묘)일주(편재·절지) · 192

(9) 壬辰(임진)일주(편관·묘지·괴강) · 196

(10) 癸巳(계사)일주(정재·태지·천을귀인) · 200

4) 갑오일주(공망-진사) · 205

    (1) 甲午(갑오)일주(상관·현침·사지·홍염) · 205

    (2) 乙未(을미)일주(편재·백호) · 210

    (3) 丙申(병신)일주(편재·병지) · 214

    (4) 丁酉(정유)일주(편재·천을귀인·장생) · 217

    (5) 戊戌(무술)일주(비견·괴강·묘지) · 220

    (6) 己亥(기해)일주(정재·태지) · 225

    (7) 庚子(경자)일주(상관·사지) · 228

    (8) 辛丑(신축)일주(편인·양지) · 233

    (9) 壬寅(임인)일주(식신·병지) · 237

    (10) 癸卯(계묘)일주(식신·장생·천을귀인) · 241

5) 갑진일주(공망-인묘) · 245

    (1) 甲辰(갑진)일주(편재·쇠지) · 245

    (2) 乙巳(을사)일주(상관·목욕) · 249

    (3) 丙午(병오)일주(겁재·제왕·양인살) · 253

    (4) 丁未(정미)일주(식신·관대·음간양인) · 257

    (5) 戊申(무신)일주(식신·병지) · 262

    (6) 己酉(기유)일주(식신·장생·문창성) · 265

    (7) 庚戌(경술)일주(편인·쇠지·괴강) · 268

    (8) 辛亥(신해)일주(상관·목욕) · 273

    (9) 壬子(임자)일주(겁재·양인·제왕) · 277

    (10) 癸丑(계축)일주(편관·백호살) · 281

6) 갑인일주(공망-자축) · 286

(1) 甲寅(갑인)일주(비견·건록) · 286

(2) 乙卯(을묘)일주(비견·건록) · 290

(3) 丙辰(병진)일주(식신·관대) · 294

(4) 丁巳(정사)일주(겁재·제왕) · 298

(5) 戊午(무오)일주(정인·양인·왕지) · 302

(6) 己未(기미)일주(비견·관대·음간양인) · 306

(7) 庚申(경신)일주(비견·건록) · 310

(8) 辛酉(신유)일주(비견·건록) · 314

(9) 壬戌(임술)일주(편관·관대·백호·괴강) · 317

(10) 癸亥(계해)일주(겁재·제왕) · 322

1.

10천간의 물상과 의미

1) 천간 甲(木)의 물상과 의미

　우리나라는 甲목의 나라요, 甲목의 민족이다. 반토막 난 땅에서 과거 1,000여 회의 외세의 침입을 받았어도 기어이 살아남은 불굴의 민족이 바로 대한민국이라는 나라다. 甲목의 기상이 바로 밟혀도 꿈틀거리며 일어나고 앞으로 직진하고, 위로만 향하는 수직운동, 직선운동을 하기 때문이다. 亥子丑의 겨울을 지나, 丑의 동토에서 때를 기다리다가 봄이 되면 땅 위로 무서우리만큼 강하게 튀어 오르는 기운이며 얼어붙은 땅을 뚫고 올라올 때 솟구치는 기상이 대단하다.

　甲목은 시련을 딛고 새롭게 태어난 씨앗이므로 근본부터가 강인한 생명력을 지니고 있다. 용감하고 진취적이며 적극적으로 행동을 취하는 모습과 함께 개척정신이 강하여 지지에 근이 있다면 썩은 무라도 잘라 본다는 심정으로 행동을 취하는 기운이다.

　甲목은 절대 굴절하지 않는다. 이것은 남 앞에 쉽게 고개 숙이지 않는 자존감이 강한 면모를 보여 주며 천간 10干 중에서 첫 번째가 甲목인 이유가 곧고 누가 뭐래도 자기 길을 향해 돌진하고 나아가는 기상 때문인 것이다. 뭐든 적극적이고 긍정적인 삶의 태도를 취하며 살아 나가는 모습이 갑목이다.

　甲목은 보스의 기질이 있으므로 매사 추진력과 리더십이 강하다. 남의 간섭과 구속을 싫어하고 한편으로 분위기를 잘 타는 기분파적인 모습도 있다.

　甲목은 뭐든 새롭게 시작하고 창조하는 힘이 있으며 없는 길도 만들어 문명을 열어 나가기에 사주 안에 水기운의 인성이 있으면 집중력과 아이디어가 뛰어나 그동안 학습된 실력으로 앞으로 나아갈 수 있는 동력이 되고, 천간에 丙丁火가 있으면 행동으로 바로 취하여 결과를 만들어 나간다. 천간에 己토가 있으면 합을 해서 생명의 싹을 틔우며 그곳에서 안정을 취하게 된다.

　甲목은 仁의 마음이 있어 정에 약하고 마음이 여린 구석이 있어 불쌍한 사람을 보면 그냥 못 넘어가는 측은지심의 마음이 강하다. 포용하고 베풀며 나아가는 모습이 본래 갑목의 모습이다. 갑목은 생명력이며 활력으로 생기와 긍정의 힘이 넘쳐날 때 운이 발복하고 기상이 살아난다.

2) 천간 乙(木)의 물상과 의미

乙목은 겉으로는 부드럽고 온순하고 사회 친화적인 모습이어서 유약한 듯 보이나 내면에는 잡초 같은 강한 근성을 가지고 있어, 외유내강의 모습을 가지고 있다.

乙목은 천간 庚금과 합을 해서 결실을 얻고자 하는 것이기에 가고자 하는 목적이 이미 정해져 있으며 그것을 향해 쉼 없이 달려 나가니 시련이 와도 인내하고 생존하고 나아가는 힘이 강하다. 주변의 상황에 대처가 빠르고 부드러운 것이 곡각의 형태를 취하는 것이다. 구부려야 할 때 구부릴 줄 아는 멋이 있고 목적지를 향해 변함없이 가는 모습이 멋있다. 물론 이해타산적인 면모도 있고 은근히 의지하려는 마음도 있고 실리적인 부분도 있지만 일에 있어서는 끈질긴 근성이 있으며 확실하고 구체적인 것을 좋아한다.

乙목은 바람이고, 전파고, 소식이고, 정보를 의미하기도 한다. 봄에 바람이 많이 부는 것은 만물에 봄의 생기를 불어넣어 줌이다. 甲목에서 뻗어 나온 乙목은 여러 갈래로 가지를 뻗어 나가 꽃을 피우고 분열하고 성장하고 팽창하는 기운이다.

乙목은 천간 丙화를 제일 좋아한다. 丙화는 삶의 희망이고 이상, 꿈이며 명예이기도 하며 乙목을 키우고 성장시키는 동력이 되니 더욱 적극적이고 긍정적인 밝음과 활력을 불어넣어 주는 기운이다.

甲목과 乙목은 가고자 하는 길이 서로 다르다. 甲목은 亥卯未운동으로 木운동을 끊임없이 하며 수직운동을 하지만 乙목은 寅午戌운동으로 火운동의 팽창, 확산을 통해 열매를 익히고 가을에 결실의 기운을 만들어 나간다.

땅에 민들레가 피었다. 누군가 수도 없이 밟고 지나가도 다시 벌떡 일어난다. 인간의 모습과 흡사 많이 닮아 있는 것이 바로 을목이다.

3) 천간 丙(火)의 물상과 의미

찬간 丙화는 甲乙목을 키우는 자양분이 되며 늘 따사로운 햇빛으로 甲乙목을 품는 부모의 심정으로 구석구석 비추지 않는 곳이 없으니 만물을 키워 결실을 보게 하는 근간이 된다.

丙화는 천간 辛금을 보는 것을 기쁨으로 생각하고 丙辛합을 통해 새로운 씨앗을 품고 저장하며 내년을 기약한다. 그러므로 현실적이고 辛금 정재의 실속을 추구하는 경향이 강하다.

丙화는 한난조습의 조후적 역할을 도맡아 겨울에는 냉기를 조절하고 여름에는 과습을 말리는 역할을 하며, 사주에 水가 많아 한랭한 사람에게는 몸을 따뜻하게 지속시키고 심장의 기운을 북돋는다.

사주에 丙화가 있으면 열정적, 적극적, 긍정적인 사고방식을 가지며, 불같은 급한 성격 때문에 문제를 야기하기도 하지만 훅 달아올랐다가 뒤끝은 없는 기운을 말함이다.

높이 떠 있는 태양이니 이상과 포부가 크고 용기와 과단성이 있다. 목적의식이 생기면 과감히 돌진하는 모험심이 강하며, 어떤 일이 정해지면 끝장을 보는 화끈하고도 단순한 성격으로 리더십이 강하다.

丙화는 상당히 예의가 바르고 경우가 바르며 속정이 깊다. 木의 인성이 있으며 부모를 잘 섬기고 조상에 대한 도리를 다한다. 꾸밈없이 드러내다 보니 바른말을 잘하는데 그것으로 인해 상대에게 상처를 주기도 하고 남의 비밀을 잘 들추어내기도 하며, 자기 감정을 그대로 노출하니 감정 관리가 잘 안 될 수가 있다.

인간의 본래 본성이 丙화의 밝음이니 항상 밝은 마음, 긍정적인 생각으로 삶에 임한다면 내가 밝아지니 주변도 같이 환하게 밝아져 자신의 운명을 스스로 잘 다스려 나갈 수 있게 된다.

4) 천간 丁(火)의 물상과 의미

인류가 문명을 열어 가는 것은 인공의 불인 丁화를 발견하면서부터다. 천간 丁화는 庚금의 문명을 진화, 발전시켜서 辛금의 완성도가 높은 단계로 만들어 놓음으로써 인간이 편리를 도모하고 한층 더 고도화된 삶을 살아 나갈 수 있도록 성장시키는 매개체가 되었다.

丁화는 불이요, 열이요, 전기요, 주파수요, 모든 에너지의 동력원이 되는 기운이다. 인간이 음식을 익혀서 먹는 행위에서부터 핸드폰의 배터리 충전 및 공장의 모든 시스템을 가동시키는 것 역시 丁화의 역할이니 그만큼 문명의 성장과 파급력이 크고 빠르다. 자신의 몸을 태워 어둠을 밝히는 촛불 역시 丁화요, 내 마음에서 일어나는 지극한 정성의 발현 또한 丁화의 불씨이니, 丁화는 정신세계의 구도자 역할을 하는 인자이기도 하다. 그래서 헌신적이며 봉사심도 강하고 인정이 많은 기운이다.

천간 丙화가 양으로 드러나 쭉쭉 키우고 성장시키는 역할이라면, 丁화는 복사열로 열매를 익히고 결과물을 완성하는 역할을 한다. 바다의 어둠을 밝히는 등대를 보면 멀리까지 불빛을 비추어 고깃배

60갑자 일주론

들의 길잡이가 되어 주듯이 종교나 철학과 같은 고차원적 정신세계와도 연관이 깊으며 지금의 4차 산업 시대에 없어서는 안 될 에너지가 바로 丁화다.

丙화가 寅午戌운동을 한다면 丁화는 巳酉丑운동을 한다. 丙화가 여름 운동을 통해 만물을 성장시켰다면 丁화는 가을 운동을 통한 완성도를 높인다는 의미인 것이다.

사주에 木火의 기운이 강하다면 방송, 통신, 서비스, 교육과 관련해서 아이들과 사람들을 이끌어 나가는 직업과 인연이 있고, 金水의 기운이 강하다면 전자, 전기와 과학과 물리, 정보·통신, 반도체 등 과학의 편리와 이로움의 완성을 위해 나아가는 직업과 인연이 깊다.

5) 천간 戊(土)의 물상과 의미

戊토는 戊土固重(무토고중) 旣中且正(기중차정)으로 굳고 두터우니 그 자체가 중정의 기품이 있다. 戊土는 높은 태산이고 성벽이요, 큰 고원이고 벌판이며 댐 역할을 하기도 한다. 木火의 성장을 돕고 천간 丙丁火가 성장하고 팽창하는 것을 조절하는 역할을 한다. 火기가 너무 강하고 조열하면 戊土가 그늘막이 되고, 水기가 넘쳐나면 댐 역할을 하며 냉한 기운의 추위를 막는 보호막이 된다.

늘 묵직하고 어느 한쪽에 치우침이 없이 중용을 지키며 안정감과 신뢰감을 준다. 단단하고 강한 성격이라 변화를 싫어하고 고지식하고 보수주의적 성격을 지향하며 자신의 노선을 지켜 나간다. 조용하고 묵직하며 감정을 쉽게 드러내지 않는 특징이 있으니 한편으로 융통성이 없어 답답해 보이는 면이 있을 수 있다. 丙丁火와 庚辛金이 함께 있으면 지식과 지혜로움을 겸비하여 자격증이나 실력으로 능수능란하면서 유연하게 대처한다.

천간에 壬수를 조절하고 癸수와는 戊癸합을 하여 사주가 냉할 때

60갑자 일주론

는 온기를 제공한다. 무던하면서 중간다리 역할을 하는 중재자의 소임이기에 사회생활이나 모임에서도 구심점 역할을 하게 되며 비밀 보장이 되니 믿음직스럽다.

사주 내 戊토나 辰戌丑未가 과하면 벽창호가 될 수 있으며 담벼락을 몇 개나 둘러친 것 같은 답답함이 생길 수가 있는데 자신의 틀에 끼워 맞춰 상대를 평가하다 보면 정보력이나 소통의 부재가 올 수 있으니 마음을 열고 여러 생각들을 받아들이는 융통성이 필요하다.

6) 천간 己(土)의 물상과 의미

己土는 인공이 가미된 경작할 수 있는 전답이요, 인간이 일군 터전이다. 숫자로는 10土의 음수요, 완성수로 모든 것을 품고 수용하는 어머니의 품성이다. 여름 丙丁火의 성장하고 팽창한 기운을 안으로 수렴하고 응집하여 결실인 庚辛金으로 연결해 주는 다리 역할을 한다.

己土는 巳酉丑운동을 통해 가을을 열어 나간다. 습토로 뭐든 심기만 하면 자라는 생산성이 있는 땅이니, 사주에 己土를 가지고 있으면 유연하고 부지런하고 실속적이며 결과 위주로 행동하고 곡각의 기질로 구부리고, 수그리고, 수용하는 태도로 어디라도 적응하며 자기 영역을 일구어 나간다.

甲木을 만나면 甲己합을 해서 생기를 부여하고 생명을 자라게 하며 丙火를 만나면 근토 땅에서 甲乙목이 잘 자라는 환경이 조성된다.

丁己庚은 한 몸으로 결실을 향한 金운동인 巳酉丑운동을 함께한다. 己土는 양에서 음으로 넘어가는 중간다리 역할을 하며 가을을 알리는 이정표가 된다. 천간에 庚辛금이 있으면 이미 가야 할 길이 정해져 있으니 목적을 가지고 전문성이나 기술을 살려서 부지런히 나아가는 사람이다.

壬癸수가 있을 때 壬수는 습토인 己土가 토극수하기 어렵고 癸수는 조절이 가능하니 재성의 물길을 열어 甲乙목의 관성을 키워 나갈 수 있다. 戊土는 고산이고 척박한 땅이라면, 己土는 윤택하고 낮으며 부드러우면서 융통성 있게 인간사 경영을 해 나가는 것이라고 볼 수가 있다.

7) 천간 庚(金)의 물상과 의미

천간에 어린 甲木이 다 자라서 결과물인 庚金이 된 모습이다. 가을을 대표하며 만물이 다 자라나 성장이 멈춘 모습이며 결실로서 거둬들여야 하는 결과물을 의미한다. 가을에는 찬 서리가 내리는데 庚金은 숙살지기(肅殺之氣)라고 해서 냉철하고 과감하며 분리하고 결단력이 있어 사사로운 정에 매이지 않고 끊고 맺음을 확실히 한다. 이는 열매가 제대로 되지 못한 것은 과감히 떨어뜨리고 완성품만 남겨 내년의 씨종자로 남김이다.

겉으로는 성품이 곧고 기상이 강하며 소신을 가진 강한 카리스마를 가지고 있으나 내면은 도리어 순박하고 담백한 면을 가지고 있다.

직업성으로 군·검·경, 의료 계통, 스포츠 등 강인함을 필요로 하고, 개인이 아닌 조직 속의 일원으로 리더십이 필요하고 체계와 질서가 있는 직종에 잘 어울린다.

천간에 庚金이 두 개 이상 있거나 지지에 근을 두고 있으면 강철

같은 맷집과 강단이 있으며 고집이 강해 쉽게 자신의 주관과 생각을 바꾸지 않기에 水의 식상관이 없으면 답답하고 소통의 부재가 생길 수 있다.

천간에 丙丁火가 있으면 제련해서 상품성으로 쓰임이 크게 될 수 있으니 직업으로 조직 속에서 안정적인 삶을 살아 나갈 수 있게 되고 명예와 지위 또한 보장이 된다.

庚금은 일점 수기가 없어 건조하고 분리와 이별, 칼 같은 매서움을 가지고 있어서 土로서 포용하고 진리로 무장했을 때 아랫사람을 품고 인간관계에서 이해의 폭을 넓혀 나갈 수 있겠다.

8) 천간 辛(金)의 물상과 의미

丙丁火의 화력으로 제련된 완전한 완성품이요, 씨종자다. 그래서 그 화려함을 빛나는 보석으로 비유한 것이다. 진열대에 올려놓는 순간 팔려 나가는 상품이기에 辛金은 재물이고 현물이라고 한다.

辛金은 사정에 매이지 않고 지극히 현실적, 논리적, 계산적이고 공사가 분명하다. 또한 제련된 결과물이요, 상품이기에 세련되고 고급지며 퀄리티가 남다르다.

사주 내 辛금이 있으면 깔끔하고 단정하며 맵시가 있고, 이목구비가 뚜렷해 미남, 미녀가 많은데, 자기주장이 강하고 자신을 어필하는 부분이 다른 천간보다 강하고 섬세하다.

일점 水氣라곤 없이 말라서 건조하기 때문에 까칠하고, 다소 냉소적이고 예민하며 분별심이 강하다. 제련된 金이기에 예리하고 정밀한 작업을 한다든지 칼같이 자르고 분리하고 세분화하는 직업성에 쓰임이 좋다.

천간에 丙화가 있으면 직업성이 좋고 명예와 위용이 있으며 丙辛 합을 하여 안정을 추구하고 씨종자로서 다음을 준비한다.

壬癸수가 있으면 금백수청으로 자신의 재능을 마음껏 활용하게 된다. 현실주의적, 실리적인 사고방식으로 재성적 성취를 이루고자 하고 쓸데없는 곳에 시간 낭비하지 않는다.

9) 천간 壬(水)의 물상과 의미

만물의 근원이 되며 생명이 잉태되는 자리요, 하늘엔 은하수요, 지상에는 바다요, 호수가 된다. 壬水는 모든 지식과 지혜를 총칭하고 보이지 않는 음의 세계, 무의식의 세계를 주관하며 무한대의 창조가 일어나는 곳이다. 壬水는 세상이 다 아는 이론이고 상식이기에 지극히 객관적이고 이성적이며 냉정하고 차가운 기운을 품고 있다.

천간에 丁火를 만나 丁壬합을 해서 木을 만들어 내니 생명을 창조하는 힘이 있다. 바닷속이 깊은 것처럼 통찰력이나 사고의 깊이가 깊으며, 그 깊은 바닷속을 알 수가 없듯이 壬수를 가진 사람의 속마음은 말하지 않으면 알 수가 없다.

물은 흘러 다니기에 국내가 아니라 어디라도 돌아다니는 움직임이 많은 직업을 갖게 되고 어디에 매이고 구속하고 통제받는 것을 싫어하기에 독립적이고 늘 유연한 대처상황을 만들고자 한다.

壬수는 庚辛금으로 인성의 지혜를 얻고 식상인 甲乙목을 키우고 丙丁화로 확장하며 재성을 확보한다. 壬수의 물길이 너무 세면 홍수가 될 수 있으니 戊토로써 조절한다. 유연하면서도 냉정함을 잃지 않는 것이 壬수의 모습이라 볼 수 있다.

10) 천간 癸(水)의 물상과 의미

癸수는 천간의 마지막 십간으로 음중의 음으로 木이란 생기를 키우니 언제라도 양으로 펼쳐 나갈 기세다. 癸수는 정제된 물이요, 졸 졸졸 흐르는 1급수의 물로 그만큼 청정하고 깨끗하다.

癸수는 온도가 올라가거나 더워지면 안개나 수증기, 서리가 된다. 시골 아침에 나가 보면 아침 안개가 자욱한 모습이 바로 癸수의 모습이다. 그래서 차가운 癸수가 戊토의 더운 기운을 만나면 戊癸합이 되어 구름이나 무지개가 되는 것이다. 언제라도 온도가 맞으면 팽창하고 발산하려는 기운을 가지고 있다.

癸수는 가장 어두울 때 동이 트듯 가장 어두운 곳에서 밝음을 만들어 낸다. 그래서 水生木해서 생기인 甲乙목을 키우는 것이다.

癸수의 성품은 객관적이기보다 개인적이고 감정적, 본능적인 면에 충실하기에 늘 자유로우며 깔끔하고 감각적이고 감성적인 부드러움이 있고, 예민하여 직감이나 예지력, 느낌이 좋다. 소년, 소녀의 감수성과 낭만을 가지고 있어서 글, 그림, 조각, 창작 등 문학, 예술, 예능, 교육 등 기교나 기술, 재능을 마음껏 발휘하는 분야에 타고난 감각적인 끼를 발휘한다.

  癸수는 음의 기운을 마무리하고 戊癸합을 통한 火의 기운을 가지고 生氣인 甲乙목을 키우고 丙丁화를 통해 성장하고 확장하려는 마음이다.

2.

12지지의 물상과 의미

1) 자(子)의 물상과 의미

- 계절: 겨울(동지)
- 방향: 북쪽
- 시간: 밤 11시 30분~새벽 1시 30분

子水는 새로운 1양이 시생하는 곳으로, 완전한 씨앗의 모습을 하고 있으며, 또 다른 의미로 티 없이 맑고 깨끗한 1급수의 청정수를 의미하기도 한다. 6음이 끝나고, 새로운 1양이 시생한다는 것은 인간사에서 과거를 정리하고 새로운 씨종자가 된다는 뜻이다. 그래서 子水는 태초, 시작, 전자, 원자, 미생물, 정자, 바이러스 등을 가리킨다.

子水는 만물의 근원이고 시초가 되는 것, 자연의 생성 원리와 눈에 보이지 않는 미시세계를 의미하고 만물의 이치와 근원을 밝히는 철학이나 주역 등의 학문과 우주의 탄생 원리를 밝히는 물리학, 생명공학, 유전공학, 전자공학 등이 다 여기에 해당이 된다.

과거 공자, 맹자, 노자 등 자연철학과 인간윤리와 도덕의 근간을 이루는 분의 이름에 '자'를 붙였는데 이는 해당 분야에서 시초가 되는 분이라는 의미가 담겨 있고, 우리 이름에도 미자, 영자 등 이름 끝에 '자'를 붙인 것 역시 그 의미 안에는 내 집안의 씨앗이 되고 근간이 된다는 의미를 은연중에 내포하고 있는 것이다.

子水의 성격은 차가운 얼음물이다 보니, 차갑고 냉철한 이성과 번뜩이는 지혜로움이 있어 머리가 비상하고 다소 예민하며 소극적인 모습을 보이기는 하나 내면에 잠재된 능력이나 소질은 水의 기질로 지혜롭고 현명한 모습을 보인다.

1양시생의 기운은 하고 싶은 것, 감추어진 욕망, 은밀한 성적 에너지 등을 의미하기도 한다. 밤에 은밀히 왔다 갔다 분주히 일하는 생쥐의 모습을 연상하면 재빠르고도 영특한 모습을 볼 수 있다.

과학이나 종교, 예술, 철학 등 인문학과 이공계를 넘나들며 인류 기원과 생명, 근원적인 원리를 밝혀 나가는 분야에서 최고가 될 수 있는 것이 子水라고 보면 되겠다.

2) 축(丑)의 물상과 의미

- 계절: 겨울(소한)
- 방향: 북동쪽
- 시간: 새벽 1시 30분~3시 30분

땅은 꽁꽁 얼어붙어 최고의 한기를 느끼는 겨울 땅이다. 시간으로 보면 양의 활동은 끝나고 음이 발동하는 시간으로 즉, 보이지 않는 귀의 세계가 열리고 동(動)하는 시간으로 인간으로 보면 의식이 아닌 꿈의 무의식이 발동하는 시간이라 볼 수 있다.

사주 안에 丑 인자가 있으면 돌아가신 조상과도 연결고리가 강하고 귀감이 좋고 선몽도 잘하며 예지력이 있다. 조상의 인자를 물려받아서 조상으로부터 받은 업장이 있는데 이것은 해결하지 못한 인간관계나 신병이나 질병 등 자손이 풀어내야 할 몫이 있으며, 얼어붙은 겨울 땅이 녹아 풀리기엔 시간이 걸리듯이 하는 일이 힘들고 인생이 더디 풀리는 경우가 생긴다. 기쁜 것은 축토가 땅이기에 조상 대대로 내려오는 땅이나 건물 등 부동산에 인연이 많아 은근 알

부자들이 많다는 것이다.

木이나 火운이 오면 얼어붙은 땅이 녹아 새싹이 돋고 꽃이 피는 형국으로 다른 지지보다 얼어붙은 땅을 박차고 올라오는 새싹이라 강력한 폭발력을 가지고 있기에 물질운에 있어 더 큰 富를 축적할 수 있는 기회가 생기고 이때는 건강도 좋아지게 된다. 丑은 얼어 있고 응축된 기운이고 차가운 기운이기에 丁丑, 癸丑 등 백호대살로 혈액에 문제가 생겨 질병에 노출되고 사건, 사고에 노출될 위험이 생기니 응축된 기운을 잘 풀어 줘야 한다.

丑은 또한 거름망이 된다. 추위를 이겨 낸 강한 씨앗만이 살아남을 것이고 그러지 못한 연약한 씨앗은 도태되는 것이다. 새로운 寅목의 씨앗으로 거듭나려면 과거의 잘못된 습성이나 인간관계를 잘 매듭지어야 할 것이다.

丑토는 누구보다 의지가 강하고 흔들림이 없으며 참을성과 인내력이 강하고 대쪽 같은 기질로 오직 한길을 파는 전문가 유형이라고 볼 수 있다. 무엇을 해도 성공할 수 있는 인자를 가진 모습이고 내면이 꽉 차 있는 성실함을 갖춘 인자이기도 하다. 동물로도 소에 비유하는 것이 우직하고 무던하며 말없이 주인이 시키는 일을 참고 묵묵히 하는 모습이 변함없는 믿음을 보이기 때문이다.

丑이란 땅속에는 辛이란 보물이 들어 있다. 완전한 결과물이고 완전한 생명체이기에 자기 자신을 믿고 성실히 살아가다 보면 재정적 안정과 부의 축적을 이룰 수 있는 인자다.

丑은 축대의 의미로 중심을 꽉 잡아 주는 역할을 하기도 한다. 겨울의 마무리 단계로 봄을 열어 가는 기운으로 건물을 신축하고 재건할 때 골조를 세우듯 丑 인자도 지나간 봄, 여름, 가을, 겨울의 끝자락에 낡은 것을 과감히 청산하고 새로운 잣대로 인생 설계를 해야 하는 시점이 왔다는 것을 의미하기도 한다.

土는 믿음이고 중용을 말함이다. 남을 믿을 것이 아니라 결국, 나 자신을 믿고 의지하는 마음이 무엇보다 중요하다 할 것이다.

3) 인(寅)의 물상과 의미

- 계절: 봄(입춘)
- 방향: 동쪽
- 시간: 오전 3시 30분~5시 30분

寅은 3양 3음의 기운으로 모든 만물이 기지개를 켜고 활동을 시작하는 시기로 아침 寅時에 동이 트기 시작해서 만물이 꿈틀하며 요동하기 시작한다. 生氣가 시작되니, 음의 기운은 물러나고 인간의 활동이 시작되는 시간이기도 하다. 寅의 기운은 새로운 것을 도전해 보고, 없는 길도 만들어 나아가는 진취적이고 개척정신이 강하고 역동적인 기운이다.

12지지의 동물로는 호랑이에 해당한다. 한번 움츠렸다 뛰면 멀리까지 뛰는 모습이 마치 딱딱하고 얼은 땅을 박차고 스프링처럼 튀어 오르는 寅의 기운을 활동적이며 강인한 모습의 호랑이의 모습으로 대표한 것 같다.

寅木은 寅 중 丙火가 있어 인권성(人權星)으로 꿈과 이상이 높고 정의감과 주체성이 강하며 당차게 앞으로 나아가려는 추진력이 누구보다 강하여 열정과 행동으로 단기간에 성공을 거둘 수 있는 인자다.

인신사해(寅申巳亥) 자체가 역마성이고 木의 기운을 가진 寅木은 앞으로 뻗어 나가는 힘이 강하기에 타고난 기운을 제대로 써먹으려면 과감성과 추진력으로 뭐든 시도해 보고 긍정적으로 삶을 살아야만 運이 발복한다.

寅은 寅卯辰과 寅午戌 운동을 하는데 한없이 성장하고 뻗어 나가려는 의지가 강한 기운이기에 도리어 경쟁심을 부추기는 곳에서 더 성장하고 발전할 수가 있다. 또한, 모험적이면서 스릴 넘치는 그 자체를 스스로가 과감히 뛰어들어 즐기기도 한다.

일지에 寅木을 깔고 있는 일주는 행동이 먼저요, 자신을 알리고 홍보하는 인자로 생각보다 움직이면서 생각을 모으고 결과를 만듦이 우선이다.

4) 묘(卯)의 물상과 의미

- 계절: 봄(경칩)
- 방향: 정동쪽
- 시간: 아침 5시 30분~7시 30분

아침에 일어나 창문을 활짝 여는 모습으로 아침을 열고 봄을 여는 창문, 대문의 물상이다. 卯는 땅에서 솟아오른 어린 묘목으로 줄기나 잎사귀가 양쪽으로 벌어지고 옆으로 가지를 뻗어 나아가는 모습이기도 하니, 밝고 긍정적이며 순수하고 삶에 대한 애착이 누구보다 강하고 생활력과 적응력이 강하며 활기차고 적극적으로 세상에 임하는 모습을 보여 주고 있다.

그 밝은 기운에 주변에 사람들이 모여드는데 바로 이 모습이 도화의 모습인 것이다. 卯의 물상이 꽃이 활짝 핀 상태의 모습이기에 그 자태가 아름답고 예뻐서 향기에 취해 벌, 나비가 모이고 구경꾼들이 모여들게 되어 있다.

일지에 자오묘유(子午卯酉)가 있다는 것은 왕지 자리에 놓여 있어 자신의 능력으로 주변의 것을 끌어온다는 의미기도 하다. 복숭아꽃이 활짝 피면 그 모습이 주변을 빛나게 하고 그 향기에 취하게 만든다는 것이다.

卯가 있는 사주는 얼굴이 미인, 미남이 아니더라도 밝은 캐릭터요, 청순한 매력이 있어 주변 사람들을 모으는 힘이 있다.

대신 잘 놀래고 예민하며 까탈스러운 부분이 있는데 동물로는 토끼에 해당된다. 토끼는 다리가 짧아 이 산, 저 산 먼 거리를 움직이는 것이 아니라 여기저기 자기가 다녔던 구역들 내에서 움직이며 감각적으로 예민한 동물이다.

卯는 자라나는 어린아이들의 모습으로 그만큼 해맑고 부끄러움도 없고 사람들과 잘 어울리고 자신의 재주를 자연스럽게 드러내고 화려하게 꾸미는 예술적인 분야에 있어서 감각적으로 타고났다.

卯가 현침살이기에 손재주가 좋아 감각적이고 예민하여 디테일한 부분을 다루는 직업에 잘 어울리고 음식이나 배경, 분위기를 디스플레이하거나 표현해 내는 능력이 뛰어나 창의력과 순발력, 정밀함을 요구하는 분야에 뛰어나다. 卯는 火가 있을 때 더 화려하게 성장하고 확장된다.

성격적으로 일처리를 똑소리 나게 잘하며 실리적이고 현실적이며 목적 추구형으로 지기 싫어하고 부드러움 속에서 내적인 강인함을 가졌다. 卯는 여자의 성을 표현하기도 하기에 사주 내에 子卯형이 있거나 운에서 子나 卯가 오면 아이들처럼 부끄러움을 모르고 행동하다가 구설수나 문제가 생김을 의미하기도 한다. 자신의 끼를 드러내고 활기차고 적극적이고 긍정적으로 일을 추진하게 하면 만족도도 훨씬 높고 대중에게 인기가 있을 것이다.

5) 진(辰)의 물상과 의미

- 계절: 봄(청명)
- 방향: 동남쪽
- 시간: 아침 7시 30분~9시 30분

5양으로 음력 3월의 기름진 옥토이며 모든 만물을 기르고 성장시키는 보배로운 땅이다. 시간으로 보면 출근하는 시간으로, 농부는 논이나 밭으로 일을 나가는 가장 바쁜 시간이며 가장 활력이 넘치는 시간이다. 辰土의 땅은 뭐든 심기만 하면 잘 자라나니, 성장하고 분화되는 생명력은 가장 강하다고 보면 된다.

인간으로 보면 욕심과 야망, 원대한 포부로 앞장서서 나아가고자 하는 진취적인 기상이 역력히 보이는데 동물로 용을 택한 것은 바로 광활한 대지에 만물이 하루하루가 다르게 무성하게 자라 오르는 모습이 변화무쌍하며 어디로 솟아오를지 모르는 용의 기상과 닮았다고 여겨진다.

辰토는 癸수의 물과 乙목의 생명력과 戊토의 넓은 평야가 펼쳐져 있다. 열정이고 자유로움이며 과감성과 행동력이다. 한마디로 체험 삶의 현장인 것이다. 지지에 辰토를 깔고 있으면 욕심도 많고 성격도 엄청 급한 편이고 다혈질의 기질과 함께 한편으로는 능구렁이처럼 그 속을 알 수가 없는 부분도 있다. 辰의 모습은 목표를 향해 전력 질주하는 무대포의 열정적인 젊은이의 기상이다.

乙목을 천간에 올리면 음간 양인이 된다. 경쟁력에 있어 누구한테도 뒤지지 않으려는 기질을 내포하고 있어 욕심이 은근히 강하다.

辰토는 청소년의 기질로 열정은 뛰어나나 참을성이 약하고 아직 내면의 인성이 완성이 되지 않은 상태에서 자신의 용기와 패기만 믿고 달려 나가는 기질이기에 자신이 하는 생각이나 행동이 다 옳다고 우기는 기질이 강해 누구 말도 잘 듣지 않는 외골수의 고집이 강하기 때문에 水기운이 있어야 지식과 지혜를 겸비한 내면의 성장을 함께 이루어 나가 큰 그릇으로 성장할 수 있다.

辰토는 신자진(申子辰)의 물 기운을 가두고 여름의 火로 달려 나가는 기운이기에 푸른 꿈과 이상, 목표를 세웠으면 할까 말까를 고민하지 말고 먼저 움직여 행동반경을 넓히고 부지런히 달려 나가 자신의 세력을 확장하고 결과를 일구어 갈 수 있도록 실천해야 한다.

6) 사(巳)의 물상과 의미

- 계절: 여름(입하)
- 방향: 남동쪽
- 시간: 아침 9시 30분~11시 30분

6양이라 양기가 극점에 이른 것으로 밖으로 양이 드러날 대로 드러난 모습이다. 木기운에서 巳午未의 火의 여름 무대로 뻗어 나가고 확장하는 기운이다.

木의 인성으로 갈고 닦았던 지식과 자격을 火로 펼쳐내 보이는 시기로 실제 많은 체험과 경험치를 증폭시켜 자신을 성숙시켜야 할 단계다. 실제 생각과 신념과 강한 행동력으로 펼쳐 나갈 때 金의 빠른 결과물을 얻을 수 있는 시기이며 巳火는 巳酉丑의 시작하는 기운으로 이미 巳火 속에는 庚金의 작은 열매가 맺혀 있다.

庚金은 자기 실력이나 전공을 내포하고 있음을 의미하니, 이상, 포부에 대해 강한 집념을 내포하고 있어 그것을 통해서 원하는 바를 성취하고자 하는 마음이 강하다. 눈에 보이는 현실적인 것을 선호하고, 확실한 결과를 좋아하며, 숨기는 것보다 속에 있는 것을 잘 들추어내니 내숭이 별로 없다. 교육과 창작, 방송, 통신, 문예와 예술적인 감각과 재주가 많으며 직관력도 뛰어나고 집념이 강하고 사랑과 증오에 대한 감정 또한 강하다. 무엇이든 계획을 세우면 실행에 옮기기에 성공할 수 있는 확률이 훨씬 높은 인자로 지장간 庚금의 권력과 직위에 대한 욕심과 야망으로 승부수를 거는 인자다.

寅申巳亥의 활동성과 역마성, 그리고 火기운의 밀어붙이는 행동력으로 金의 목적을 이루기 위해 열정적으로 나아가는 기운이다.

7) 오(午)의 물상과 의미

- 계절: 여름(망종)
- 방향: 남쪽
- 시간: 오전 11시 30분~오후 1시 30분(점심때)

계절로는 망종과 하지로 접어들어 뜨거운 기운이 모여 폭발력을 지닌 가운데 지장간 己土가 뜨겁고 조열한 丙丁을 수렴하고 밖으로 나가는 기운을 안으로 모으기 시작하는 기운으로, 午화에서 1음이 시생하기 시작한다. 乙목이 午화에서 장생하니 모든 초목이 무성하게 자라나는 시기다.

午화는 빛과 열을 함께 가지고 있어 열전도율이 높은 전기에너지 등 움직임이 빠른 에너지요, 전파라고도 볼 수 있으므로 동물로는 멀리까지 달리고 힘도 좋은 말에 비유되었다. 감각적으로 예민하고 직감, 예지력의 촉이 빠르며 현침의 물상으로 재주가 남다른 면이 있다.

午화는 가장 화려한 곳, 상가, 번화가, 교통요지, 역전 근처를 의미하고 드러나고 밝혀지는 곳, 남의 시선이 집중되는 곳의 의미이기도 한다.

성격적으로는 정이 많고 솔직하고 직선적이며 화려한 것을 좋아하고 대인관계에 있어 사교성이 좋으며 감수성이 풍부하고 예민하며 미적 감각이 좋아 예술적이고 자기만의 독립적인 삶을 추구하기도 한다.

여행, 이사, 모험 등 활동력이 좋아 낯선 곳을 두려워하지 않는 밝은 성격의 소유자이며 머리회전이 빠르고 현침의 뾰족뾰족한 기운이 있어 성질이 나면 참지 못하고 훅 달아올라 폭발력을 발휘한다.

특히, 사주에 卯午가 만나면 순간 감정 폭발이 일어난다. 스스로 자제가 안 되는 까칠한 부분은 인성의 내면공부와 함께 水기운의 조후가 따라 준다면 크게 성장할 수 있는 인자다.

8) 미(未)의 물상과 의미

- 계절: 소서
- 방향: 남서쪽
- 시간: 오후 1시 30분~3시 30분

여름의 막바지, 뜨거운 태양이 비치는 시기이며 정오가 지난 한낮의 태양열이다. 亥卯未 木운동의 마무리요, 巳午未 여름의 마지막기운이다. 모든 만물이 가을의 결실을 향해 달려가는 마지막 정점이며 과실의 껍질 속으로 제대로 맛을 들게 하는 기운이다.

미(未)의 의미는 숙성되어 가는 맛(味)의 의미이기도 하고, 아직은 덜 익은 미완성(未)의 의미도 실려 있다. 일지에 未를 놓으면 누구보다 미각이 예민하고 뛰어나 혀끝의 맛을 잘 느끼고 맛있는 음식을 찾아서 먹는 미식가들이 많다.

뜨겁고 조열한 가운데 일점 水氣 하나가 없기에 土의 조용하고 받아들이는 기운과 예민하고 까칠하며 신경질적인 면이 있으며 참다가 한번 폭발하면 감당이 안 되는 불같은 성격을 내보이는데 마치 머리에 뿔 달린 산양이 뿔을 들이박으며 달려오는 기세이니, 丁未일주나 己未일주가 그러한 성향이 강하다. 그래도 확 끓어오르다가 뒤끝은 없기에 그리 오래가지는 않는다.

마음은 정이 깊고, 있으면 다 주고자 하는 마음을 가지고 있다. 목소리 또한 미성이면서 고음으로 소리를 잘 내고 노래를 잘 부르는 사람들이 많고, 직감도 발달해 예술적인 기질을 타고난 사람들이 많다.

사주에 金水가 있으면 감정 조절을 잘하며 도리어 점잖고 신중한 편이다. 친화성이 좋고 대인관계를 중요시하며 사려 깊고 인정미도 넘친다.

未토는 미역성의 역마의 기질이 있으며 현침의 기운이 있어서 어디라도 움직이며 돌아다녀야 자신의 기운을 잘 써먹게 되고 운도 좋아지며 활기를 찾을 수 있으니 바쁘게 살아가는 기운이다.

현침이 있으니 약손으로 사람들을 치료하거나 낫게 하는 기운이 있으며 예술이나 의술, 미용 등 날카롭고 섬세한 도구를 활용하는 직업과도 잘 어울린다.

未土는 아직은 미완성되고 다혈질이고 조급해하는 부분을 잘 조절하고 인내하는 마음을 키워 나간다면 申酉戌의 좋은 결과물을 얻을 수가 있으니 꾸준하게 정진하기만 하면 될 것이다.

9) 신(申)의 물상과 의미

- 계절: 입추
- 방향: 서남쪽
- 시간: 오후 3시 30분~5시 30분

巳午未 여름을 끝내고 申酉戌 가을을 시작하는 기운으로, 만물이 성숙되고 완성되어 가는 시기다. 천간 壬水의 장생지이기도 하고 수원지이기도 하다. 추수의 시기가 다가오는 만큼 불필요한 乙목의 잎사귀나 나뭇가지들은 가지치기를 하게 되고 썩고 덜된 열매는 가차 없이 다 떨어뜨려 온전한 열매만 남기니 숙살지기(肅殺之氣)의 위엄이 있다. 일을 할 때는 공사가 분명하고 냉철하며 칼같이 예리한 기운을 가지고 있어 인정에 매이지 않는 매서움이 있다.

신(申)은 동물로는 원숭이인데 여의봉을 가지고 다양한 재주를 부리는 재주꾼으로 신출귀몰한 능력이 있다.

귀감이 좋아 직감, 예지력이 강하고 사주 안에 인성이 있으면 집중력이 있어 자격을 갖춘 지적 능력자로 성과를 낼 것이고, 식상이 있으면 손재주나 행동력이 탁월하고 민첩하여 일에 있어 남들보다 빠른 성과를 낼 수가 있다. 무슨 일을 하든 확실하게 매듭짓는 꼼꼼함과 예리함이 있다.

가을 기운을 담당하다 보니 물질적인 성과나 실질적인 경제적 이득을 챙겨 실속 있는 삶을 살아 나가며 이미 결과물이 나와 있으니, 웬만해선 쓸데없이 새로운 일을 만들거나 허튼짓으로 시간을 낭비하지 않는다. 그만큼 분별력이 강하고 무게감이 있다는 말이다.

천간에 壬癸수나 지지에 亥子가 있으면 지혜가 있고, 총명하고 자신의 끼나 재능을 여지없이 발휘하게 된다. 의리가 있으며 사리판단이 빠르고 경우에 따라 선을 명확히 긋는 부분과 스스로 어긋나는 행동은 자제하고 매사 판단 내리고 구분 짓고 매듭짓는 기운으로 직업적으로도 기술직, 군·검·경이나 특수기술, 의료 쪽에 잘 맞는다고 볼 수 있다.

10) 유(酉)의 물상과 의미

- 계절: 가을(백로)
- 방향: 서쪽
- 시간: 오후 5시 30분~7시 30분

酉금은 火로써 제련되어 나온 완성품이며 상품이다. 만물의 기운을 온전히 수렴해서 酉금의 열매 안에는 딱딱한 씨앗이 저장된 모습이다. 酉금은 예리하고 정교하며 가치가 높은 金이므로 실물경제의 화폐와 금으로도 취급이 된다.

그러니 사주에 酉금이 있다는 것만으로도 결과물이 있는 것이니, 실제 물질의 혜택이 많이 주어지고, 현찰이 돌고 있는 모습이기도 하다. 酉금은 지극히 현실주의며 물질주의적 사고(思考)를 가지고 있다. 그러므로, 냉정하고 분별심이 강하며 도도하고 고결하고 자존심이 엄청 강할 수밖에 없는 인자다. 완성품이며, 씨종자로서 酉금 자체로 이미 빛이 나기 때문이다.

일지에 酉금이 있으면, 성격이 냉철하고 섬세하고 예민하여 상대에게 경솔한 행동을 보이지 않으며, 스스로가 잘났다는 자존감이 대단히 강해 본인 고집을 쉽게 꺾지 않는다. 인정에 매이지 않으므로 냉정하고 매정하다는 소리를 듣기도 한다. 명석하고 선견지명의 안목이 있으며 강한 집념의 소유자로 똑 부러진 성격을 가지고 있다고 보면 된다.

현실주의자며 물질적, 실속파이며 안정을 추구하며 실리적인 이득을 먼저 따지기에 계산이 빠르고 공사 구분이 확실하다. 현실적 감각으로 내실을 추구하는 소유자라고 볼 수 있겠다.

酉금에 水가 있으면 금백수청이라 하여 대단히 똑똑하고 지혜로우며, 자신의 진가를 여지없이 드러내기도 하고, 한편으로 청백리로 오직 순수하게 한길에 매진하는 경우가 된다.

丙火나 巳火의 기운이 있으면 酉금을 더욱 빛나게 하기 때문에 명예나 자존감을 더욱 높이고 사회에서도 두각을 나타내며, 특히 천간에 있으면 직장운이 좋고 지위와 권위도 높아진다.

11) 술(戌)의 물상과 의미

- 계절: 가을(한로)
- 방향: 북서쪽
- 시간: 밤 7시 30분~9시 30분

봄여름(寅午戌)과 가을(申酉戌)을 마무리하는 기운으로 가을에 거둔 것을 창고에 저장하고 보관하는 역할을 하는 인자고, 火기를 묻은 묘지의 역할도 한다.

동물로는 개에 해당된다. 개는 보이지 않는 세계를 보는 능력이 있어 이승과 저승을 연결하는 매개체로서의 역할을 하는데 실제 느낌이나 예지력이 강한 인자다.

술(戌)은 천문성으로 물질세계가 끝난 쭈의 세계로 하늘 문을 여는 자리인데 하늘과 음적인 세계를 연결하는 통로가 되며 영적인 교감을 느끼고 꿈으로 현상계를 직접 보는 기운이기도 하다.

지지에 戌이 있으면 명상, 영성공부, 마음공부, 점성학, 철학 등 정신세계와 관련된 공부와 인연이 많고 실제로 직업성으로 그런 계통으로 가는 사람도 많이 있다.

　戌이 있으면 고지식하고 옛것을 선호하고 시대의 흐름에도 변화가 없고 완고하여 자기 길을 뚝심 있게 가는 사람이 많으며, 戌土 속에는 辛금의 보물이 있기에 부동산과 인연하여 물질적인 안정과 부를 누리는 사람이 많다.

　지장간의 辛금은 조각이나 불상도 되니 종교와도 인연이 깊을 수 있는 인자다. 戌土는 봄, 여름, 가을의 경험치가 풍부한 땅이다. 인간의 고되고 치열한 삶을 살고 난 후의 평화롭고 한적한 삶의 뒤안길이기에 욕심을 내려놓고 인간의 이기적인 욕심이나 감정에서 벗어나 본래의 본성을 찾는 마음으로 많은 사람들에게 함께 성장하고 보탬을 줄 수 있는 활인하는 직업성이 잘 어울린다.

12) 해(亥)의 물상과 의미

- 계절: 입동
- 방향: 북쪽
- 시간: 밤 9시 30분~11시 30분

6음으로 모든 양기를 거두고 완전한 음기를 수렴하여 겨울을 시작하는 기운으로, 해양을 의미하니 만물의 근원이 되며 생명의 시초가 된다. 바다는 모든 것을 품고 저장하니 정보의 바다가 되며 실제 삶에 유익되는 여러 가지 지식과 정보를 다 수렴하는 기운이다.

하늘에서는 은하수를 상징하니 戌과 더불어 하늘 문을 연결하는 천문성이 된다. 천문성은 보이지 않는 하늘의 기운을 읽어 내는 모습으로 사주에 亥를 가지고 있으면 지식을 추구하고 정신세계나 철학, 심리 상담, 신비주의 등 마음공부와 관련된 직업을 선호하게 되며 그것과 인연이 많다.

겨울바람과도 같아 역마성이 있어 잘 돌아다니고 지장간에는 甲

목의 씨앗을 품고 있으며 亥卯未운동을 통해 木의 운동성으로 나아가려 하니 희망적이고 봄을 준비하려는 기운으로 생기가 있다.

동정심이 많아 어려운 사람을 보면 잘 도와주고 유순하며 성실하고 질서와 예절을 잘 지키며 후덕함이 묻어나는 기질을 의미한다.

6음이 끝나면 1양이 시생하니 음의 마무리에 여러 가지 삶의 변화수와 이동수가 많이 나타난다. 특히, 여명에 있어 일지 亥수를 가지게 되면 배우자와의 분리, 독립이 이루어질 확률이 높다. 이것은 6음의 끝자락에서 변화와 굴곡을 통한 삶의 성장과 발전의 동기와 기회가 되니 많은 내적 체험과 삶의 경험을 통한 새로운 창조의 바람이 일기 시작하는 것이다.

3.

일주론(60갑자)

1) 갑자일주(공망-술해)

(1) 甲子(갑자)일주(정인·목욕)

❖ 성격과 특성

60갑자의 시작으로 파릇파릇 생기 있는 어린아이의 모습이다. 새로운 생명의 시작과 문명의 태동을 의미하며 땅속의 子水가 땅 위를 뚫고 어린 甲木이 된 모습이다.

일지의 차가운 子水가 水生木하여 甲木을 生한 경우인데 이때 子水의 얼음물을 새싹 甲木이 쉽게 水生木하기가 어렵고 시간이 걸리는 경우이니, 성장하고 발전하려면 반드시 천간에 丙丁화나, 지지 巳화가 필요한 구조다.

일간 甲木은 생동감이고 솟구치는 추진력으로 일지 子水의 생각, 기획, 사고(思考)의 힘을 끌어내는 원동력이 된다.

천간 丙火는 갑목에게 있어서 희망이고 꿈과 이상이며 삶의 활력이 된다. 일지 子水는 아직 차디찬 어린 씨앗의 모습이기에 지지에

寅목을 만나야 앞으로 커 나아갈 수 있는 힘이 생겨난다. 여기에 속도를 높이려면 조후로 火가 있어야 한다.

일지 子水는 정인이다. 정인은 학문이고 지식의 보고요, 지혜를 열어 가는 수많은 정보로서의 子水는 태초, 시작, 씨앗, 생명, 바이러스와 같이 눈에 보이지 않는 미생물 등 세밀한 기초를 다루는 인자로 학문으로는 우주, 자연의 시작과 근원을 다루는 점성학, 물리학, 유전공학, 생명공학이 있으며, 인문학으로는 철학, 심리학, 윤리학, 사회학 등 인간의 근원적인 본성과 이치를 알고자 하는 학문이된다.

子水의 본성은 깨끗하고 꾸밈이 없는 아이들 마음으로 철이 없고 놀기도 좋아하고 순간순간 변덕도 부리고 시기, 질투도 은근히 있다.

子水 정인은 어머니 마음처럼 정에도 약하고 측은지심의 품는 마음도 있으며 차분하고 조용하며 혼자 공부하고 연구하고 골똘히 생각에 빠져 있는 모습과 고지식함이 과거 선비의 모습을 연상케한다.

子水 정인은 국가가 인정한 자격증과 자격을 가진 자로 무엇이든 배우는 것을 좋아하고 이것저것 아는 것이 많기에 어릴 때부터 관심 있는 분야에 일찍 자신의 소질이나 자격을 갖추고 자격증을 따

놓는 것이 사회생활에도 큰 도움이 될 것이다.

일지 자리의 정인은 어머니인데 차가운 얼음물이니 水生木하다 보면 너무 과도한 자식애와 간섭이 자식 인생을 힘들게 할 수도 있고 신약하면 어머니를 의지 대상으로 삼을 수도 있으며 남명은 아내와 어머니를 비교하고 어머니를 너무 가까이하다 보니 고부 갈등을 초래할 수도 있다.

성인이 되면 부모의 인생이 아닌 내 인생을 살아야 하고 특히, 결혼 후라면 나의 배우자와 내 가족이 중심이 된 삶을 사는 것이 행복의 지름길이라 본다. 여명 역시 어머니와 직접 관계를 많이 하기도 하고 남녀 모두 어머니 때문에 내 인생의 어려움이 오기도 하고 나중엔 부모님을 직접 모시고 살기도 한다.

❖ 12운성
일지 子水는 목욕에 해당된다. 어린아이가 옷을 발가벗고 자신을 드러내는 모습이다. 갑자일주는 머리도 좋고 끼나 재능이 많아 머릿속의 지식이나 지혜를 밖으로 드러내서 자신을 알리는 기회를 많이 만드는 것이 좋다. 음주가무나 예체능에도 뛰어나 어딜 가도 재능과 끼를 발산하기도 하는데 남명은 은근 여자를 좋아하는 본능이 강한 것이 子수는 신장, 방광과 남성적 호르몬을 상징하기 때문이다. 子수는 밤의 도화이기에 남녀 모두 은근 성적인 매력이 넘쳐나기도 한다.

❖ 지장간

壬癸가 들어 있다. 壬水는 편인, 癸水는 정인이다. 인성의 기운으로만 이루어져 있으며 壬水 편인은 냉철하고 이성적이며 계산적인 면이 강하다.

癸水 정인은 감정적이고 차분하며 보호본능의 여성적인 면이 함께 있다. 인성이 강하다는 것은 자기주장이 강하고 자신의 생각을 끝까지 관철하려는 마음이 크다는 것이며 아직은 어린 새싹의 마음이기에 소심하고 잘 삐지기도 하는 성격이 있다. 또한, 인성만 있고 재성이 없으니 재극인이 될 소지가 크다.

일지 정인의 재극인은 재성을 다루는 부분이 미약해 경제적, 물질적인 부분에 있어 어려움이 있을 수 있으며 아버지와의 인연이 약해지거나 관계가 소원해질 수 있다.

만약에 사주에 재성이 있다면 안정적인 자산 운용의 형태로 재테크나 부동산을 통한 경제적 부를 마련할 수가 있다.

남명에 있어 지장간 재성의 미약함으로 여자를 다루는 능력이나 그 마음을 헤아리는 능력이 부족해 배우자의 관계에서도 답답함을 느낄 수가 있겠다.

여명은 관인상생으로 나의 배우자에게 도리를 다하고 자식을 잘 가르치지만 배우자의 관계에서 천간 庚금의 死지에 놓이므로 부부 사이가 재미있거나 물질적으로 풍요롭다고는 보기 어렵다. 그러므로 나의 인성의 자격이나 실력을 연마해 나감이 관계 개선에도 도움이 될 수 있겠다.

子水 정인은 식상으로 소통해야 재능을 마음껏 발휘할 수 있으니 사주 안에 火가 있어 火生土하면 경험을 위주로 한 사회활동을 통해 재성을 벌어들이고, 火가 없이 土만 있으면 과정 없이 바로 재극인을 통한 결과를 얻으려고 한다. 특히, 정재의 재극인은 현실적인 감각이나 계산이 더디고 돈에 대한 관념이 약하기에 살면서 물질적인 어려움에 놓일 수 있다. 이것은 정인의 고지식한 방법으로 시장 바닥에 나가 물건을 파는 모습과 같으니 시장경제와는 거리가 먼 미숙한 모습이라고 볼 수 있겠다. 정관이 있으면 관인상생하니 직장에서 실력을 인정받고 승진도 쉬워진다.

❖ 12신살
일간 갑목이 亥卯未운동을 하니 일지 자수는 년살 도화살이 된다. 문화, 예술, 창작 쪽에 재능이 뛰어나며 은근 주변에 인기가 있어 사람들이 나를 찾게 되고 나체도화라고 해서 子수가 깜깜한 밤을 의미하니 욕정의 물상이라 밤의 문화를 즐기고 음주가무를 즐기며 심하면 주색잡기에 도취되기도 한다.

❖ 직업 특성

인성의 자격과 木火의 성장, 발전을 기대할 수 있는 창작, 문화, 교육, 의학, 예술, 특허, 발명 기술자 등의 직업성이 잘 어울린다.

❖ 배우자 인연

일지 배우자 자리의 오행을 천간에 올려서 보는 방법으로 좌법과 인종법을 활용해서 인연법을 풀이해 놓았다.

• 남명

戊子의 물상으로 무던하고 생활력이 강하며 저축하며 안정적인 삶을 추구하는, 내조 잘하는 분을 배우자로 만날 수 있다.

• 여명

庚子의 물상으로 학자다운 면모로 총명하고 지혜로우며 언변이 뛰어나고 몸 쓰는 일보다 정신적인 학문이나 자격, 아이디어로 몸보다 머리 쓰는 직업을 가진 분과 인연이 많겠다.

(2) 乙丑(을축)일주(편재·쇠지)

❖ 성격과 특성

추운 겨울 땅 위에 초록 풀들이 올라와 있는 모습이다. 겨울의 언

땅 위에 乙木의 푸른 생기가 돋아나 있다는 것은 한마디로 강인한 생명력과 버티는 힘 즉, 인내와 지구력, 참을성을 의미한다.

일간 乙木이 일지 丑土를 木剋土하고 있다. 乙木은 겨울에 살아남기 위해 땅속 깊이 뿌리를 박고자 하는 모습이다. 乙丑일주는 7전 8기의 불굴의 의지와 인내로 겨울을 견디는 인동초의 모습이다.

겨울 한파와 한기에 살아남으려면 끈질기고 악착같은 기질이 없으면 얼어 죽는다. 그러기에 현실 파악이 빠르고 상황에 대한 대처능력과 적응력이 대단히 좋으며 계산적이고 공간 감각 능력이 아주 좋다. 성격이 유순하며 성실하고 한 가지 일을 꾸준히 끈기 있게 밀고 나가는 근성을 가진 소유자다. 일지가 동토이다 보니 조후로 천간에 丙화나 지지에 巳화가 있어야 건강이나 경제적으로 삶이 풀리고 안정적인 생활이 지속될 수가 있다. 봄, 여름 생보다 가을, 겨울 생들이 신약하면 어려움이나 견뎌 내야 할 시련의 시기가 길어질수가 있겠다.

木剋土로 내가 온몸을 불살라서 성실하게 땅을 일구었더니 들어오는 것이 편재의 결과물이며 생명력이기에 한시도 놀지 못하고 부지런히 힘써 일하는 일주다. 그만큼 삶에 대한 애착과 물질에 대한 욕심과 소유욕이 많다는 것을 의미하기도 하며 일지 편재가 丑土의 동토라 자신한테는 돈을 잘 안 쓰고 아끼고 모아서 부동산으로 부를 축적하기도 한다.

편재는 큰 재물이며 축토의 흔들림이 없는 안정적인 재물이다. 丑土 자체가 재물을 보관할 수 있는 금고요, 창고 역할을 하고 있으니, 뭐든 모으면 창고가 불어나는 경우다. 성격적으로 차분하고 매사 신중하며 변함이 없고 굴곡이 없으며 꾸준히 매진하여 결과를 만들어 내는 모습이다.

일간 乙木은 다정하며 사람들과의 친화성과 소통이 좋으며 과정보다 결과주의적 근성을 가지고 앞으로 나아간다. 일지 丑土는 고집이 세고 보수적이며 웬만해서는 자신의 주장을 관철하고자 하고 버티는 면을 볼 수 있다. 가정적으로는 책임감이 강하고 변함이 없는 꾸준함을 가지고 있다. 대신 자신이 木剋土해서 힘을 쏟아부어야 하니, 사주명이 신약하면 건강에 문제가 오기도 하고, 본인이 건강하면 일지 배우자 자리에 문제가 생기기도 한다.

일지 丑토는 사유축(巳酉丑)의 묘지를 가지고 있으므로 일지가 배우자의 묘지 자리요, 곡각의 자리요, 내 건강의 묘지 자리이기 때문에 묘지란 내 기운이 쇠하여 힘들고 노쇠해지는 기운이니 중년에 배우자나 자신의 건강에 신경을 써야 한다는 것이다.

묘지(墓)란 활동하는 기운이 아니라, 몸은 휴식을 취하고 정신적으로 자기 일을 하고 있는 모습이기에 직업적으로 이 시기에는 몸 쓰는 일보다 정신적인 일을 추구하는 것이 좋으며, 지식이나 철학,

종교나 심신 수양, 참선 등 내적 수양을 함으로 자신의 마음그릇과 지혜를 넓히고 채워 나가는 시기로 나아간다면 업상대체가 될 것이며 몸도 마음도 편안해질 것이다.

❖ 12운성

쇠지에 해당된다. 중년의 삶의 노련함이요, 성숙함이다. 어지간해서는 화내는 일이 없으며 굳이 사소한 언쟁이나 사건을 만들려고 하지 않는 모습이 참을성도 많고 인내하며 신중한 성격이다. 이미 인동초의 삶을 살아왔기에 처세가 현명하고 지혜로움이 가득 들어 있는 일주다. 무슨 일이 닥쳐도 진중하게 받아들이고 긍정적으로 소화해 내는 모습이 쇠지의 모습이다.

❖ 지장간

癸辛己가 들어 있다. 水는 편인, 辛金은 편관, 己土는 편재다. 재생살, 살인상생, 재극인의 모습이다. 열심히 벌고 살다 보니 몸도 아프고 스트레스도 많고 그것 또한 어쩔 수 없음을 깨닫고 편인의 살인상생으로 받아들이는 모습이다.

편재와 편인의 재극인의 능력으로 사회성과 더불어 투자나 기획 등 안전자산을 중심으로 돈을 벌 수 있는 능력자다. 그러나 편관의 殺이 있기에 성급한 과욕은 화를 자초할 수 있다. 일지 편재의 재성을 깔고 있어 절대 물질에 대한 애착은 놓지 않기에 삶의 풍족함은 안고 살아가는 일주다.

편관은 직업성이고 여명 입장에선 배우자다. 편재가 재생살 된 편관은 일복이 많고 항상 할 일이 많으며 어디 가도 쓰임새가 많음을 의미한다. 책임감도 강하고 스스로 맞는 일을 찾아 편인으로서 유효적절하게 받아들임으로써 처세를 해 나간다.

여명은 편관이니 배우자의 스트레스가 분명 있다. 그러니 배우자를 만날 때 사회적 역량과 물질적인 안정 상태에서 배우자를 선택함이 이롭고, 木剋土로 적극적이고 당당함이 필요하다고 보인다. 안 그러면 억지로 참고 끌려가는 인생을 살 수 있으니, 사는 동안 가슴에 상처나 화가 남게 된다.

❖ 12신살

천간 乙목은 寅午戌운동을 함으로 일지 丑토는 천살이 된다. 천살은 내가 그냥 받아들여야 할 숙명과도 같은 것이므로 이 과정을 넘어가야 정신적으로 큰 성장을 이룰 수 있음을 의미한다. 배우자 자리가 천살이니 받아들임에 있어 긍정적인 마음이 중요하다.

긍정적이라는 것은 적극적이며 주인의식으로 삶을 당당하게 살아 나가라는 의미인데 긍정적으로 살아왔다면 빨리 이 기간을 넘기고 다음 단계로 넘어갈 수 있을 것이다. 천살 자리는 조상 자리이기

에 축토의 부동산의 유산이나 이득이 생겨날 수 있는데 申子辰생이
이에 해당된다.

❖ **직업 특성**

일지편재로, 교육, 부동산, 펀드, 은행, 전문직 종사자, 식당 운영
등 편재성을 가지고 다양한 분야에 진출한다.

❖ **배우자 인연**

• 남명

己丑의 물상으로 생활력이 강하고 부지런하고 절약하는 참한 분
을 인연으로 만날 수 있으며 대신 두 분 다 일지 자리가 차가운 냉동
고기기 때문에 사주에 火가 있는 분을 만나면 좋다.

• 여명

辛丑의 물상으로 자신의 자격을 확실히 가진 전문직 종사자로서
배우자의 직업이 군·검·경이나 간호사, 의사 등의 직업군과 인연하
면 좋고, 종교와도 인연 있는 분을 만날 수 있다.

(3) 丙寅(병인)일주(편인·장생)

❖ 성격과 특성

새벽녘 동이 트며 붉게 떠오르는 태양의 모습이다. 일지 寅木이 일간 丙火를 목생화하니 일간 丙火는 더욱 힘을 받아 위로 솟구치며 펼쳐 나가는 모습이다.

丙寅일주는 봄을 시작하고 아침을 시작하는 木火의 기운으로 밝고 적극적이며 역마의 기운을 가지고 있어 활동적이며 일지 인성이라 예의도 바르며 모범적이다.

일지가 편인으로 자신의 생각이나 방식, 지식, 자격, 갖춤, 아이디어를 丙火를 통해 직접 밖으로 표출하고 행동해서 자신의 경험과 노하우를 쌓아 나가려는 모습이다. 인신사해(寅申巳亥)는 계절을 시작하는 기운으로 특히 寅木은 자신을 적극적으로 알리고 홍보하는 분야에 적합하다.

목화통명(木火通明)일주라 똑똑하고 일지가 장생의 모습으로 영혼이 맑고 순수하며 사람들에게 인기가 있고 사업을 하게 된다면 혼자 하지 말고 주변의 후견인을 찾아 의논하고 도움을 받는 것이 좋다. 木生火의 기운으로 많은 체험을 통해 火生土의 전문가로 거듭나야 하는 명으로 인성의 자격증을 가진 전문가로서 사회에 활약을 함으로써 활로가 열리고 부와 명예를 얻게 된다.

천간에 甲乙木이 있으면 확실한 배움이나 실력을 통한 직업성으로 나아가게 되는데 특히, 교육이나 언론, 방송, 광고, 출판 쪽과 인연이 많을 수가 있다. 庚辛금이 있으면 일지 편인을 활용해 금융이나 재테크 쪽에도 물질적 이윤과 안정을 추구할 수 있다.

❖ 12운성
일지 寅목은 장생으로, 장생은 어딘지 모르는 귀여움과 흡입력이 있어 사람을 끌어당기는 묘함이 있다. 특히나 목화(木火)의 밝음이 어디 가도 인기와 이목이 집중되니 항상 밝음을 유지하고 웃음으로 다가가면 주변의 귀인이나 후견인의 도움을 받을 수가 있을 것이다.

❖ 지장간
戊丙甲이 들어 있다. 戊土는 식신, 丙火은 비견, 甲木은 편인이다. 甲木 편인이 비견을 生하기도 하고 식신을 도식하기도 하며 丙火 비견이 식신을 生하는 구조다.

편인이 비견을 생하므로써 편인의 자격을 내 것으로 확실히 만들어 비견의 믿음과 자신감으로 힘차게 식신을 생하고 식신은 행동하고 실천력을 통해 식신생재하게 된다.

도식적인 부분은 반복적인 연습과 노력이 필요함을 말하며 한 번씩 쉬어 가면서 편인의 생각이나 사상 공부 방식을 업그레이드하라는 의미가 담겨 있기도 하다. 결국 자신을 믿고 의지하고 그 신념으로 달려 나갔을 때 일의 성공이 이루어지는 것이다.

편인 장생이라 늘 부모의 보살핌이 있어 부모 덕이 있으며 남녀 모두 활동적인 에너지로 각자가 사회생활을 통한 재성의 성취와 한 곳에 매진하는 편인의 실력을 키워 나가고 내면을 성장시킨다면 부부관계가 원만하고 삶의 활력소가 될 것이다.

❖ 12신살

천간 丙화의 寅午戌운동과 맞물려 일지 寅목 역시 寅午戌운동을 함께 하고 있어 일지 寅목은 지살이 된다. 역동적이고 긍정적인 사고와 창조성의 활동적인 에너지가 넘치는 기운이다.

❖ 직업 특성

목화통명의 일주라 만인에게 빛과 희망을 주는 교육, 컨설팅, 언론, 출판, 공무원, 법조인 자격을 갖춘 프리랜서 등 다양한 분야에 진출할 수 있다.

❖ 배우자 인연

• 남명

庚寅의 물상으로 자신의 고집과 명분이 분명하며 사회생활을 통한 편재의 욕심과 씀씀이가 있고 끊임없이 일을 만들어 나가는 고집이 다소 강한 여명을 만날 수 있겠다.

• 여명

壬寅의 물상으로 미래를 향해 부지런히 달려 나가는, 지혜롭고 생각이 건전하고 식신의 전문성과 활동력이 좋은 배우자를 인연으로 만날 수 있겠다.

(4) 丁卯(정묘)일주(편인·병지)

❖ 성격과 특성

일지 卯木이 일간 丁火를 木生火하고 있다. 천간 丁火는 촛불, 가로등, 열, 빛, 전파, 주파수, 정신세계 등을 의미하는데 丁卯일주는 마치 두 손을 모아 촛불에 기도하는 모습을 떠올리게 한다.

卯木이 습목이기에 불이 붙기까지 지속력과 시간이 걸리기에 정신적인 집중력이 필요한데 실제 한번 일을 시작하면 깊이 파고드는 고도의 집중력이 강한 일주이며 정신적인 면을 추구하는 구도자의 모습을 보이기도 한다. 또한, 일지 卯는 붓이나 펜의 형상이기도 해서 그림이나 글씨 등 책을 출판하고 예술로 표현하는 창의적인 모습을 연상하게 만든다.

일지 편인은 생각이 많고 밝으면서도 편인의 신비주의가 깔려 있으며 토끼처럼 예민하고 잘 놀라며 어린아이처럼 순수함을 함께 내재하고 있다. 깊은 생각 중에 떠오르는 아이디어나 명상 중에 섬광처럼 스쳐 지나는 것이 직감이나 예지력이 있어 본인도 놀라울 때가 있을 것이다. 이것은 무의식에서 세포가 알려 주는 느낌이라 볼 수 있다.

문예, 창작 등 예술성과 학문성, 감각적이고 손재주가 뛰어난 일주다. 卯木 편인의 몰입력과 집중력 도화의 나 잘난 맛이 있으므로 자신만의 멋진 발명품이나 뛰어난 창작품이 언제라도 나올 수 있는 일주다.

대신, 편인은 항상 미래를 걱정하는 신중하고 불안해하는 기운으로 뭐든지 의심하고 앞서 생각하는 인자이므로, 불안의 원인인 습목을 말리는 일간의 근인 火가 지지에 있으면 매사 긍정적이고 생각하는 것을 바로 실현하려 달려 나가게 된다.

뿌리 없는 신약명은 도식적인 면이 있어 몸이 약해질 수 있기에 건강에 유의하기 바란다. 사람은 몸과 마음이 항상 함께 가니 마음이 편안한 상태가 되면 몸이 아플 일이 적어지게 된다. 과거나 미래보다 卯木은 지금 현실에 집중하는 것을 보여 주고 있다.

❖ 12운성

병지에 해당된다. 자신이 병들어 봤기에 남의 심정을 쉽게 이해하고 공감한다. 그래서 문학과 종교와 명상, 마음공부와도 인연이 깊은 일주다.

자연과 벗 삼아 여행을 즐기는 것도 내면을 성장시키는 좋은 방편인데 여행이란 동서남북의 사방팔방 열려 있는 모든 기운을 수렴하는 방법 중에 하나이기에 운이 막혀 있을 때는 그 운을 열어 주어 기운이 통하게 만들어 주어야 한다.

❖ 지장간

甲乙이 들어 있다. 甲木은 정인, 乙木은 편인이다. 인성으로 이루어져 있으니 유독 생각이 많고 생각의 흐름에 휩쓸리기 쉽다. 자신이 나아가야 할 목표관념을 정확히 한다면 오히려 집중력이 커져서 木生火의 밝음으로 나아가는 데 크게 도움이 될 것이다.

정인은 보편적 지식과 국가 자격증에 준하는 자격을 의미하는 것이고 편인은 특수 자격증, 묘의 손재주와 끼로 아이디어를 개발하고 전문성을 개발하는 분야에 나아감이 좋고, 새로운 정신세계의 이론을 정립하고 구축하는 일에도 앞장서는 일주다.

木火의 기운은 만인의 등불, 스승의 키워드가 내재되어 있다. 편인의 지식이나 자격을 출중하게 갖춘다면 사회에 필요한 인재가 되고 자기 자신도 흡족한 인생을 살 수 있는 일주이며 편인이 지향하는 바는 불안, 걱정 없이 인생을 사는 것이며, 물질에 대한 안정과 취미생활을 통해 외로움에서 벗어나 재미난 인생을 사는 것이다.

일지 편인은 관성을 설기하는 기운으로 직장 생활을 오래 하기보다는 재택근무나 프리랜서를 병행한, 개인의 능력에 맞춘 직업 생활이 훨씬 유리하다. 여명에 있어 처음엔 남자의 사랑을 받다가도 나중에 관성설기로 인해 사이가 무정해질 수 있으니 자신의 전문성을 가지고 경제적 실리를 취함이 좋다.

❖ 12신살

재살이다. 천간의 丁화는 巳酉丑의 결과를 만드는 金운동을 하고 있는데 일지 묘는 亥卯未 木운동을 하고 있으니 생각대로 일이 진행되지 않아 마음이 조급하고 답답할 수 있는 모습이다. 卯목은 습목이라 불이 붙으려면 시간이 좀 필요하니 집중력을 많이 요하고 처음엔 답답하고 불안함이 생길 수 있으나 천천히 나아가면 순간 불이 붙어 확 타오를 것이다.

❖ 직업 특성

천간 丁화는 문명을 일으키는 불이고 정신이며 일지 卯는 손재주가 좋으니, 木生火의 기운으로 교육, 컨설팅, 학원, 꽃집, 창작 예술 활동, 음식점. 전문기술가 등 세밀한 작업을 다루는 특수 자격증을 가지는 업종에도 잘 맞겠다.

❖ 배우자 인연

• 남명

辛卯의 물상으로 매력이 있는 개성이 톡톡 튀는 여자친구를 만날 수 있으며 새로움을 추구하고 현실적이며 재성을 다루는 능력이 있고 손재주도 좋은 예쁜 배우자를 만날 수 있다.

• 여명

癸卯의 물상을 가진 순수하고 솔직하며 머리가 좋고 비상하며 손재주나 전문성을 가지고 성실하게 사회활동을 하고 행동함에 있어 매력이 있고 귀여운 티가 나는 사람을 만날 수 있다.

(5) 戊辰(무진)일주(비견·건록·백호대살)

❖ 성격과 특성

고원지대나 넓은 대지의 경작할 수 있는 물기 있는 땅이다. 일지 辰토 안에 乙목의 파릇한 생기가 피어나니 생명이 살아 숨 쉬는 활력이 넘치는 땅으로 태산의 꿈과 이상이 높은 일주다. 일지 辰의 봄의 무대를 안고 살아가니 해야 할 일이 많고 욕심도 당차다.

빨리 뭔가를 심고 일구고 나아가야 한다는 열의가 강한 일주다 보니 마음의 성급함이 먼저 앞서기도 하고, 자기 고집으로만 밀어붙이려고 하다 보니 다른 사람 말이 귀에 안 들리기도 한다. 왜냐면, 아직은 戊辰은 미성숙한 어른이요, 힘이 펄펄 넘치는 청년이기 때문이다.

일지 辰토는 비견으로 위아래 나의 몸이 하나로 연결되어 있으니, 힘이 넘치는 20대의 건장함과 열정을 의미하므로 뭐든지 될 것으로 믿고 돌진하는 무대포 성격을 가지고 있다. 자존심이 강하기에 의존하지 않고 홀로서기하며 독립심과 개척정신이 강하며 경쟁력에서도 뒤지지 않고 앞서 나가려는 의지가 강한 일주다.

천간지지가 간여지동으로 土라는 것은 중용을 지키고 옛것을 옹호하며 고지식하여 잘 변화하지 않으려는 성품을 의미하는데 자칫 융통성이 없을 수 있고, 받아들임에 있어 묵혀 두었다가 한 번에 폭발하여 주변을 놀래키기도 한다. 辰토는 누르고 자신을 죽이는 기운이 있고, 다혈질의 기질로 한번 폭발하면 내면의 모습을 다 드러내 보이기도 한다.

일간 戊토는 천간에 甲乙목이 있으면 木剋土하여 편관으로써 위엄을 보이고 명예를 더 높일 수 있으며 천간에 丙丁화가 있으면 戊토를 더욱 가치 있는 땅으로 만들 수 있으니 자격을 갖춘 것이다. 壬癸수가 왕하면 戊토로써 댐 역할로 수위를 조절하고 균형을 맞추는 역할을 하게 된다.

❖ 12운성

건록에 해당된다. 건록은 20대 청년의 기상으로 뭐든 될 수 있고 할 수 있다고 생각하고 돌진하는 기운으로 일에 있어 겁이 없이 달려 나가는 기상으로 성과를 빨리 이루어 낼 수 있다. 하지만 정신은 아직 미성숙한 기운이기에 많은 체험과 경험, 지혜를 통한 삶의 노련미가 필요한 부분이다.

❖ 지장간

乙癸戊가 들어 있다. 乙木의 정관, 癸水의 정재, 戊土의 비견이다. 정재가 정관을 생하니, 안정적인 수입원이 되는 자리가 있으며 특히, 지장간 癸水가 戊土와 무계합을 이루었으니 물질에 대한 소유욕과 집착이 강한 일주다.

내 것이 있어야 마음이 안정적이고 편안하게 삶을 살아 나갈 수 있기에 무엇보다 안정을 우선순위로 둔다. 비견이 있어 독립심과 경쟁력이 탁월하며 군비쟁재하여 투자나 가까운 지인, 형제간에 재물의 탈재현상이 생겨난다.

남명에 있어 비견이 있어 부인을 두고 다른 분이란 정을 나눌 수 있는 기운이 내재되어 있고, 또한 비견을 직업이나 사업을 통한 경쟁력으로 쓰기도 한다.

戊癸합이라 가까운 사람이라 할지라도 정재의 돈만큼 쓰게 되니 아끼고 비축하는 성향으로 크게 쓰지는 않는 타입이다. 일지가 비견이고, 지장간에 정재와 합을 하고 있어 각자가 독립적인 사고로 의존적이지 않고 상호 인정하고 살아가자는 의미가 담겨져 있다.

남명에 있어 정재합은 배우자에 대한 집착과 의심으로 나타날 수 있는데, 지장간에 비견의 경쟁자적 구도가 있어서 더욱 그러하다 볼 수 있다. 부부는 각각 서로 다른 환경과 습관에서 자라 성격 또한 엄연히 같을 수 없으니 상대를 존중하고 인정하는 것만으로도 부부화합이 될 수 있다.

❖ 12신살
백호살, 월살이다. 백호살은 프로가 되어야 하는 전문가 일주이며, 몸 쓰는 일뿐만 아니라 강한 직업군과 인연이 되어야 戊辰일주를 더 잘 써먹을 수가 있다.

백호살은 건강으로 보면 혈액의 응집력이 강한 殺성이기에 어혈이 잘 생길 수가 있으니, 몸의 근육을 풀어 주고 틈틈이 걷기 운동 등을 하면서 미리 혈관성 질환을 예방하는 것이 좋겠다.

戊토 일간이 寅午戌운동을 하니 일지 진토는 월살이다. 직접 부딪히고 경험하고 숙달했을 때 어려움을 삶의 과정이라고 생각하고 결국 성공을 이루게 되는 기운이다.

❖ 직업 특성

군·검·경, 의료 계통, 토건업, 건설업, 부동산 중개업 등과 인연이 있고 이곳과 저곳을 연결해 주는 교역 역할을 하는 직업군에도 적합하다.

❖ 배우자 인연

• 남명

진(辰) 중 계(癸)수가 있으니 壬辰 癸辰의 물상으로 임진 괴강의 지식을 갖춘 전문적인 직업과 책임감이 강한 분과 인연이 있으며, 癸수의 감성적이고 순수하며 지혜롭고 가정적이고 예술, 문예와 인연 있는 배우자를 만날 수 있겠다.

• 여명

진(辰) 중 을(乙)목이 있으니 甲辰, 乙辰의 물상으로 일지 비견을 깔고 있어 생활력이 강하고 사회적 활동력이 좋으며 현실적이며 삶에 대한 욕심과 애착이 강하며 긍정적이고 다소 자기 고집을 꺾지 않는 부드러우면서 자존심 강한 분을 만날 수 있겠다.

(6) 己巳(기사)일주(정인·제왕)

❖ 성격과 특성

기름진 논밭에 햇빛이 따스하게 비춘 모습이다. 일지 巳火가 火生土하니, 천간 己土가 巳火의 햇살을 받아 무성하게 만물들을 키워내는 물상이니 일간 己土가 일지 巳火를 많이 의지하는 마음을 가지게 된다. 일간 己토는 火와 金을 연결하는 매개체가 되는데 그 마음은 결국 巳酉丑운동을 통해 결실을 보고자 하는 방향으로 나아간다.

천간에 庚辛금의 식상관이 있으면 일지 巳화의 정인을 잘 활용하여 재성으로까지 결과를 만들어 내는 역할을 하게 된다. 이것은 창조적 발상과 아이디어가 뛰어나며 인성의 자격과 생각한 것을 바로 써먹게 되니 머리가 비상하다고 할 수 있다.

천간에 壬癸수가 있다면 일지 인성을 재극인하니 공간 감각 능력이 빠르며 재테크나 투자적인 부분에 있어 감각이 남다르다.

일지 巳火 정인은 매사 생각이 깊고 배려심이 있으며 밝고 긍정적이어서 인상이 좋다. 뭐든 잘 받아들이는 기질이나 생각을 쉽게 바꾸지 않는 줏대나 고집스러움이 있다. 그렇기에 마음을 한번 먹으면 뭐든 해내고야 만다.

火의 기운이고 인성이라 식상의 부족으로 행동보다는 생각에 그치기 쉬운 면이 있는데 숙고해서 한번 마음먹으면 단번에 일처리를 하는 속도감은 빠르다. 본래 학문과 인연이 깊으니 뭐든 배우는 것을 좋아하고 집중력이나 암기력이 뛰어나니, 학생 때부터 자기가 좋아하는 것에 관한 자격증을 일찍 취득해 놓으면 진로 선택에 있어서도 한층 유익이 될 것이다.

정인은 예의나 도덕적인 관습에 익숙해 있고 부모에 대한 도리를 너무 잘 알고 있다. 대신, 일지에 정인의 어머니를 깔고 있어 재극인의 모습으로 아버지와는 사이가 무정해질 수가 있으며, 재성을 활용하고 재성을 대하는 감각이 무뎌질 수가 있겠다.

巳火 정인은 웬만해서는 겉으로 자신의 단점이나 어려움을 표현하지 않고 잘 참으며 모든 일처리를 혼자서 해결해 나가려는 성향이 있으니 남 보기에는 무던하고 잘하고 있는 것 같지만 속으로 혼자서 火의 스트레스를 안고 살아 나가기도 한다.

일지에 어머니를 깔고 앉았으니 어머니와의 관계가 유독 친밀하고 어릴 때 어머니의 영향을 많이 받고 살아 나갈 수 있기에 훈육에 있어 어머니의 멘토적인 역할이 중요하다 하겠다.

반면, 남명에 있어 결혼 후 배우자를 어머니와 비교하게 되고 아내보다 어머니를 믿고 의지하는 부분에 있어 부부관계의 어려움이 올 수 있다.

여명에 있어서도 어머니를 옆에 끼고 모든 것을 의논하여 남녀 모두 어머니를 모시고 살 수도 있으니, 결국 己巳일주는 己土의 조후 역할을 하는 어머니를 외면하지 못하고 함께 살아갈 수밖에 없다.

❖ 12운성
제왕으로, 제왕이란 능수능란함이다. 이미 모든 것을 갖춘 상태고 지식과 지혜가 출중한 상태이니 누구 말을 듣기보다는 혼자 뭐든 일처리를 진행할 수 있는 높은 단계를 뜻한다. 그만큼 노련함이 있으며 무슨 일을 해도 똑소리 나게 잘한다.

정인이 제왕의 자리에 있으니 지기 싫어하고 누구보다 뛰어나길 원한다. 이 기운을 잘 써먹으려면 나의 지식이나 자격의 갖춤을 더욱 확실히 해야만 어디 가도 인정받는 사람으로 거듭날 수 있겠다.

❖ 지장간
戊庚丙이 들어 있다. 戊土 겁재, 庚金 상관, 丙火 정인이다. 상관 패인된 사주로 자신의 실력을 경금으로 써먹으니 브리핑이나 남에게 전달하는 능력이 탁월하다.

겁재가 상관을 생하고 정인이 겁재를 생하는 구조다. 겁재의 뒤떨어지지 않으려는 경쟁심이 상관을 부추겨 더욱 앞으로 나아가게 만들고 머리회전과 적재적소의 상황 판단과 능수능란함이 있어 사회 적응력이 빠르다고 볼 수 있다.

정인과 겁재의 관계는 나의 실력과 전문지식을 많은 사람들에게 함께 알리고 공유한다는 의미이기도 하며 나의 인성인 자격증을 겁재가 가져가 쓰는 경우를 의미하기도 한다. 겁재의 욕심과 상관의 행동력과 인성의 조화로움으로 재성을 창출하고 직업적으로도 인정받고 윗자리에 오를 수 있는 실력자다.

일지 정인은 고집스러움과 융통성이 없는 성품인데 천간에 식상관이 오면 자신의 정인을 제대로 활용해서 상황과 용도에 맞는 변화를 가져올 수 있다.

남명에 있어 일지에 인성만 있어 여자를 다루는 실력이 부족하고 그 마음을 헤아리기가 어려울 수 있으며 재성이 미약하면 좋은 배우자를 만남이 어려울 수 있겠다.

여명에 있어 인성은 관인상생하니 배우자의 사랑을 받을 수 있고 받아들임에 익숙하며 자신의 도리를 확실히 하려고 한다. 남녀 모두 관인상생하니 직장운이 좋고 직장이나 사회에서 인정받는 사람이다.

❖ 12신살

천간 己토가 사유축(巳酉丑)운동을 하고 있어 열심히 결과를 만들고자 한다면 일지 巳화는 지살로 자신을 부지런히 알리고 홍보하며 뭔가를 준비해서 시작하고 활동하는 의미로 해석된다. 그러니 기회를 기다리지만 말고 먼저 행동하고 나를 홍보하고 알려라.

❖ 직업 특성

정인의 자격과 활동력과 제왕의 노련함이니, 교수나 전문강사, 정치나 외교 및 카운슬러, 상담가 등으로 활약하면 좋다.

❖ 배우자 인연

- 남명

癸巳의 물상으로 정재의 모습으로 남편에게 잘하고 부드러우면서 자기 일을 성실히 잘하고 가정경제를 잘 꾸려 나가는 여름날 단비와 같은 분을 만날 수 있겠다.

- 여명

乙巳의 모습으로 따뜻함과 부드러움을 함께 지니고 있으며 편관의 책임감과 고집스러움, 현실적이며 감성적인 끼와 재능도 함께 가지고 있는 분을 만날 수 있겠다.

(7) 庚午(경오)일주(정관·목욕)

❖ 성격과 특성

午火의 火氣를 품고 가을을 향해 열심히 달려 나가는 늠름한 붉은 말이다. 일지 午화의 햇살과 열기 속에 천간 庚금의 과실이 익어 가는 모습이기도 하다.

천간 庚금은 결과물이기에 변하지 않는 고정틀이기도 하며 일지 午화 역시 정관이며 子午卯酉로 주변의 기운을 끌어오면 끌어왔지 끌려가는 성분이 아니기에 도도하고 흔들리지 않는 기운으로 자신의 뜻을 관철하려는 성분이 강하고 살아가는 명분이나 목적 또한 분명하며 경우가 밝다.

일지 午화는 庚금을 단련하여 쓸모 있고 가치 있게 쓰고자 하고 많은 사람들에게 효용가치를 더 크게 만드는 역할을 한다.

정관은 정해진 자신의 틀이고 룰이고 규범이기에 예의와 경우가 바르게 행동하며 꼼꼼하여 끝맺음이 좋은 일주다 보니, 본인의 주관이 확실하다.

관운을 타고났으니 학창 시절부터 학교 생활은 모범적으로 잘할 것이고 책임감이 투철하며 의젓하다. 사업명보다 공직이나 직장 생활이 더 잘 어울리는 일주다.

정도(正道)를 가고자 하는 일주이므로 자신을 잘 다스리지만 안으로는 자존심이 강하다 보니 경쟁에서 지기 싫어하고 규범을 지키다 보니 상대적으로 남의 이목에 신경을 많이 쓰는 편이다. 한마디로 개인의 삶보다는 공적인 삶을 살 수가 있으니 개인적으로는 피곤한 삶이 될 수 있으며 일지 배우자 역시 그러할 수가 있겠다. 대의명분을 중시하므로 큰일에는 의로운 행동을 보이기도 한다.

천간에 丁火가 있으면 중앙부처나 내부인사를 담당하고 丙火가 있으면 외부인사를 담당하게 된다. 己土가 있으면 관인상생하여 직장 내 주요 요직이나 승진이 빠르며 안정적인 직장 생활을 유지한다.

庚午일주는 일지 정관이란 직업성이 좋고 안정적이며 인성이 있으면 명예와 인기를 한 몸에 누리게 된다. 여명은 미인이 많으며 배우자 복이 좋다.

일지 午火의 도화를 지니고 있으니 화려한 것을 좋아하고 외모에 신경 쓰고 격식에 맞게 자신을 치장하고 꾸미며 남녀 모두 단정하고 품위가 있다. 남명에 있어 천간 乙목의 장생에 놓이게 되므로 여자에게 예의와 도리를 다하기에 인기가 있고 자신의 배우자로 만드는 재주가 있다. 대신 근이 약한 신약명은 남의 눈치를 많이 보게 되

고 자존심을 세우지만 일에 있어 중압감이나 무게감이 강하게 밀려
온다.

❖ 12운성

목욕이다. 일지 午화는 子午卯酉이므로 내 안에 밝은 午화의 긍정
적이고 적극적인 도화의 재주가 있어 주변에 사람을 끌어들이는 매
력이 있는데 목욕 자리에 있으므로 깔끔하고 맵시가 있으며 음주가
무를 좋아하며 화려한 자신의 숨은 끼를 드러내 놓고자 하는 욕구
가 강하다. 직업 이외에 취미 생활로 노래나 악기도 하나씩 다루는
재능도 있다.

❖ 지장간

丙己丁이 들어 있다. 丙火는 편관, 己土는 정인, 丁火는 정관의 형
태다. 정편관이 정인을 생하고 있어 관인상생 살인상생의 구조다.
관성을 인성이 보호하고 안정적으로 지켜 주는 모습으로 어디 가도
인정받고 명예나 지휘가 올라가는 모습이며 윗사람과의 협력관계
로 인덕이 있음을 말한다. 정관의 안정감과 편관의 카리스마와 위
엄, 의리가 있으며 자존심이 강하여 굽힘이 없고, 직업운이 좋으니
안정적인 수입원이 생긴다. 일지 정관의 형태니 남녀 모두 배우자
의 덕이 있다.

남명의 경우 일지 자리에 자식을 깔고 있으며 정관의 형태이니,

자식을 올바르고 경우 바르게 키우고자 하고 자식을 강하게 엄하게 키우는 모습이다. 자식 또한 전문가의 길을 찾아가는 프로적인 성향을 가지고 있다.

여명에 있어서 남편 자리가 정관에 놓여 있으니 직업성과 책임감이 투철한 배우자를 만날 수 있으며 본인 또한 그러한 일을 하게 되는 경우다.

남녀 모두 관성의 기운이 강한 대신 식상의 기운이 약하니 무뚝뚝하고 눈치와 사교성이 약할 수 있고 주변과의 소통의 부재가 올 수 있으니 주변 사람과의 소통을 통한 식상의 기질 또한 살려 나가야 하겠다.

❖ 12신살
년살은 도화살이다. 남명은 경우 바르고 깔끔하고 단정하여 맵시가 있어 멋스러우며, 여명은 요염하고 예쁘게 자신을 잘 치장하고 꾸밈으로써 은근히 다른 사람의 이목을 집중시킨다.

❖ 직업 특성
정관의 틀이 강하므로 공무원, 경영관리자, 직장인, 군·검·경, 의사 등 월급직의 안정적인 직업을 선호하는 곳이 잘 맞다.

❖ 배우자 인연

• 남명

甲午의 물상으로 요염하고 은근 화려하고 입담이 좋고 재능이 많으며 물질의 안정과 소유욕으로 자신의 자리를 지켜 나가는 배우자로 만날 수 있겠다.

• 여명

丙午 丁午의 물상으로 카리스마가 강하고 자기 주도적, 독립적으로 열정적인 삶을 살아 나가는 분으로 자신의 주장이 강한 분을 배우자로 만날 수 있겠다.

(8) 辛未(신미)일주(편인·쇠지)

❖ 성격과 특성

천간에 辛금은 열매요, 이미 丁火에 의해 제련된 완성품이다. 未토는 여름의 끝자락의 뜨거운 火기를 품고 있기에 완성품인 辛금이 未토를 보면 지글지글 끓어오르는 기운에 변형될까 노심초사 예민해지기 쉬우니 土生金 되기가 어렵다.

일지 未토는 여름에서 가을로 넘어가는 단계이다 보니, 아직은 미완성의 아닐 미(未)의 의미도 있고, 맛 미(味)의 의미도 있어 냄새와

맛에 대한 감각이 누구보다 빠르고 예민하다. 또한 辛未일주 자체가 현침의 물상으로 섬세하고 사람의 정곡을 찌르듯 예리한 직감력을 가지고 있어 이러한 감각을 활용한 직업성으로 쓰면 탁월한 결과를 보일 수가 있다.

일지 未(토) 편인은 과거에 대한 미련, 아쉬움, 오지도 않은 미래를 미리 걱정하고 근심하는 마음이 늘 내재되어 있어 생각에 생각이 꼬리를 무는 잠재의식 속 파동이 늘 요동하고 있는 모습이다. 이는 未(토) 속에 丁(화) 편관의 살(殺)이 숨어 있어서 왠지 모를 초조, 불안감이 엄습하기 때문이다. 그래서 조용히 있다가도 역마살이 돌아 여기저기 다니기를 좋아하게 된다.

未(토) 편인은 뭔가 준비되어 있지 않으면 늘 불안하고 한편으로는 스스로가 고립되어 외로움을 자처하기도 하는데, 이 외로움을 즐거움으로 바꿔 줄 수 있는 것이 바로 편재다. 편재는 역마이기도 하고 편인에게 있어 위안이고 재미를 안겨 준다. 그래서 辛未일주는 늘 흥미와 재밋거리를 찾아 나서기도 하고 아니면 골똘히 일에 완전히 심취해 있기도 한다.

未(토) 편인은 자신만의 재주나 특수 자격증을 의미하므로 좋아하는 한 가지를 깊이 하면 그것이 바로 전문성이요, 직업성이 될 수 있으며 일지 未토는 亥卯未木의 고지가 되므로 30대 이후로 부동산으로 부를 축적할 수 있는 기운이기도 하다.

천간에 壬癸수를 만나면 자신의 인성적 실력을 마음껏 발휘할 수 있고 未토의 뜨거운 기운을 지지 亥水나 천간 壬癸수를 통해 조절할 수 있으니 원하는 재성인 木의 결과를 만들어 나갈 수가 있겠다.

만약, 조후가 되지 않으나 토다매금(土多埋金) 되면 자기 생각 안에 고립되어 한 발짝 나아가기가 쉽지 않고, 신비주의나 종교에 몰입되거나 그와 관련된 일에 푹 빠질 수가 있게 된다.

辛未일주는 辛금의 톡 튀는 자신만의 자존감과 未토의 편인의 하나에 꽂히면 우월한 집중력으로 자격을 갖추어 살아가면 재미난 인생을 살아 나가게 되고, 일지 未토의 미역성으로 역마의 기질을 타고났으니 한 번씩 훌쩍 여행을 떠나기도 한다. 내면의 명상, 휴식을 통해 새로운 자신의 기운을 돌리면 좋다.

일지 편인은 어머니다. 어머니에 대한 연민의 정, 애착이 강하며 토의 인성이 식상을 도식하게 되거나 신강해서 인성이 강한 사주는 어머니가 자신을 힘들게 하는 요인으로 작용하게 된다. 그럴 땐 거리를 두고 과감하게 분리하는 게 좋다.

❖ 12운성

쇠지에 해당된다. 삶을 웬만큼 살아 본 중년의 마음으로 참고 인내하며 한 발짝 물러나서 겸허하게 삶을 받아들이는 노련미가 생기게 된다.

❖ 지장간

丁乙己가 들어 있다. 丁火는 편관, 乙木은 편재, 己土는 편인이다. 재생살 살인상생 재극인하는 구조다.

길신보다 흉신의 구조로 이루어져 있어 평탄한 삶보다 다양한 삶의 경험과 체험을 토대로 노하우를 쌓아 결국 노련하고 현명해지는 단계를 밟는 모습을 보이게 된다. 어렵고 힘든 시절을 힘들다 하면서도 잘 견뎌 내는 것이 신미일주다. 물질에 대한 욕심은 많은데 재생살의 구조가 되어 열심히 벌다가 한 방에 나가기도 하니 지나친 투기나 욕심은 조심해야 한다. 재생살 구조이니 직장 생활보다는 자격증을 가지고 하는 개인 프리랜서나 개인 사업이 더 잘 맞는 구조다.

여명에 있어 살인상생, 관설(官泄)의 구조이니 배우자복이 좋다고 보기는 어렵다. 각자 자기 직업을 가지고 사회생활 하는 것이 서로에게 좋다.

편재와 편인의 만남으로, 재극인되어 있다. 머리회전이 좋고 순간순간 물질을 만들어 내는 능력치가 좋고 눈치가 빠르고 계산력, 공간 감각 능력이 좋아 천간에 인성과 재성이 있거나 지지에 재성과 합을 하고 있으면 부동산, 주식 등과 인연이 좋아 부자가 될 수 있다.

일지 편인은 편재를 잘 활용하는 것이 중요한데 결국, 재성이란 현재에 만족하고 집중하며 재미있고 신나는 삶을 사는 것이며 편인의 걱정과 외로움에서 벗어나서 원하는 삶을 살아 나갈 수 있는 요인이 된다. 己土 편인은 남과 다른 자신만의 자격증을 꼭 갖추기 바란다. 평생 직업이 될 수 있을 것이다.

❖ 12신살

일지 未土는 해묘미(亥卯未) 묘지에 있어, 재물의 창고가 되니 장년, 중년에 재산을 증식하는 기회가 생길 것이며 천간 辛금의 신자진(申子辰)운동으로 보면 일지 未土는 천살이다. 하늘이 주는 거역할 수 없는 숙명과도 같은 것이다. 운이 좋으면 고공행진, 승진 및 물질적인 큰 이득을 얻을 수가 있지만 아닐 때는 액운이 느닷없이 오기도 한다.

일지 자리가 천살이니 배우자가 조상의 모습이기도 하니 불평, 불만을 늘어놓기보다는 인정하고 존중하는 마음으로 나아갈 때 운이 열린다. 천살은 마음수양의 의미도 있으니 과거를 붙잡고 있지 말고 과감히 놓아주어야 마음이 편해지고 몸에 병이 없어진다.

❖ 직업 특성

未土가 현침이고 편인의 소유자이니 손으로 섬세하고 세밀한 것을 다루는 직업이나 자격증을 활용한 미용, 뷰티, 아트, 디자이너와 관련된 것들과 건축디자인, 인테리어, 부동산, 의술, 심리 상담 쪽과도 인연이 많다.

❖ 배우자 인연

• 남명

乙未의 물상으로 사회적으로 활동적이며, 현실적으로 물질 욕심이 많아 재적 성취를 갈망하고 어느 정도 부를 소유하고 있으며, 매사 긍정적으로 살아가는 분을 배우자로 만날 수 있겠다.

• 여명

丁未의 물상으로 직장보다는 사업이나 프리랜서 일을 하시는 분으로 입담이 좋고 활발하고 열정이 가득하며 다소 다혈질의 성격과 실리적 가치와 현실을 추구하며 자기표현이 확실한 분을 배우자로 만날 수 있겠다.

(9) 壬申(임신)일주(편인·장생)

❖ 성격과 특성

일지가 일간을 金生水하고 있다. 壬水에게 申金은 끝없이 터져 나오는 물의 수원지요, 생명력이 된다. 천간 壬水는 만물을 시작하는 기운으로 새로운 생명을 잉태하고 자식인 甲乙木을 키우려고 한다면, 일지 申金은 그런 壬水를 마르지 않게 生氣를 부여해 주고 있어 壬水가 마르지 않는 이성적이고 냉철한 사고(思考)를 일으키게 하고, 넘쳐나는 아이디어와 기발한 발상을 하게 만드는 원동력이 된다. 일지 申金은 申酉戌의 시작이요, 申子辰의 시작점으로 가을을 시작하여 결실을 추구하고 겨울을 열어 나가는 기운이다.

木火의 기운처럼 몸 쓰는 일보다 金水의 지식이나 자격증을 활용한 직업성에 잘 맞고 항상 머릿속에 수많은 생각과 아이디어들이 섬광처럼 번뜩이며, 생각이 물 흐르듯 스쳐 지나간다. 일지 편인을 깔고 있어 늘 미래를 준비하고 대비하는 예민한 성격으로 한번 집중하면 몰입력이 대단하고 머리가 아주 비상하여 자격증이나 시험도 단번에 결과를 만든다.

申은 동물로는 원숭이로, 재주꾼이며 눈치가 빠르고 직감력이 뛰어나며 손재주가 좋아 기술이나 이공계열과도 잘 어울리며 특수기술이나 자격증을 소지하면 살아가는 데에는 지장이 없는 일주다.

일지 申金 편인이 壬水를 생하니 항상 자신을 걱정하고 챙겨 주는 어머니의 수고로움이 있으며 어머니의 도움을 받고 살아간다. 水의 성격상 표현을 잘하지 않으므로 그 깊은 속을 잘 알 수가 없고 편인의 4차원적 정신 세계관이 독특하고 보편적이지 않은 직감적이고 영적인 면이 있다.

천간에 丙丁火가 있으면 재극인하여 번쩍이는 아이디어를 밖으로 표출해 내고 그것을 통한 물질적 가치실현을 이뤄 낼 수 있다.

천간 甲乙木은 식상관으로 일지 편인의 자격을 자기 실력으로 표현해 내는 힘으로 창조적이고 기술적인 분야나 직업성에 능력을 발휘하게 되는 모습으로 머리가 비상하고 재주나 실력이 뛰어나다.

❖ 12운성

일지 申금은 장생지다. 부모에게 특별히 귀염받고 주변 사람으로부터도 인기가 많으며 은근히 사람을 끄는 묘한 매력이 있는데, 하는 짓이 이쁘고 재간둥이다.

신금은 재주며 원숭이가 지닌 여의봉과 같아서 뭐라도 뚝딱 만들어 낼 수 있는 신의 능력과 아이디어, 지혜로움이 탁월하다. 장생으로 살아가려면 항상 밝게 먼저 다가가면 주변에서 따르고 도와주는 이들이 많아진다.

❖ 지장간

戊壬庚이 들어 있다. 戊土 편관, 壬水 비견, 庚金 편인을 깔고 있다. 편관이 편인을 살인상생, 편인이 일간 비견을 생하고, 무토편관이 비견을 土克水하고 있는 모습이다. 살인상생은 참고 인내하는데는 이골이 났다는 말이며 무슨 일이 생겨도 그러려니 하고 인정하고 살아간다는 뜻이다.

편인이 비견을 生한다는 것은 자기 뜻을 관철시키려는 고집과 주장이 강함을 의미하니 쉽게 다른 사람이 고집을 꺾지는 못한다. 또한 비견을 가지고 있으니 경쟁력에서 절대 밀리지 않으며, 편관이 비견을 통제하는 능력도 같이 있다.

남명에 있어 배우자 자리에 편인을 깔고 있으니 자기 자리를 잘 지키고 사회적으로 자격을 갖춘 활동성이 좋은 분을 만날 수 있는데 편인의 고집을 조금만 내려놓으면 부부애가 좋을 것이며, 여명 입장에선 사회적으로 처세를 올곧게 하고 편관의 카리스마가 있는 분을 인연하는데, 배우자의 고집을 꺾기는 어렵다고 봐야 한다. 장생의 애들 같은 고집으로 보일 수가 있는데 그러려니 해야 한다.

남녀 모두 편인의 어머니를 깔고 있으니 여러모로 좋고 나쁨의 질긴 애착을 가진 어머니와의 연관성이 강하다.

❖ 12신살

일간 壬水가 申子辰운동을 하고 일지 申金 역시 申子辰운동을 같이 하니 일지 申金은 지살이 된다. 지살은 돌아다니는 역마의 기운과 비슷하니 항상 움직임이 많은 삶을 살아가게 되고 먼저 내가 이런 사람이다 하고 알려야 세상이 알고 찾게 된다. 기다리지 말고 홍보, 광고, 찾아나섬이 운을 열어 나가는 길임을 생각하면 될 것이다.

❖ 직업 특성

편인의 자격증을 갖춰서 기술적인 분야든 직감, 예지력을 활용할 수 있는 분야, 즉 아이디어, 창작, 예술 분야, 이공계 분야, IT 쪽 개발자, 기획자 등과 인연한다.

❖ 배우자 인연

• 남명

丙申의 모습으로 싱그러운 풋사과처럼 활동적이고 긍정적이며, 사회생활을 적극적으로 하면서 자기표현을 잘하는 분을 배우자로 만날 수 있겠다.

• 여명

戊申의 모습으로 남자답고 건장하며 자신의 실력으로 전문성을 가지고 책임감 있게 성실히 삶을 살아가는 배우자를 만날 수 있겠다.

(10) 癸酉(계유)일주(편인·병지)

❖ 성격과 특성

천간지지가 음간으로 金生水하는 모습으로 돌 틈 사이로 흐르는 차가운 석간수(石間水)로서 일간 癸水에게 끊임없이 생기를 부여하는 1급수의 맑은 물이며 癸水 속에는 酉金의 미네랄이 들어 있어 살아 숨 쉬는 생명수이다. 일간 癸水는 천간 10간 중 마지막 일간으로 음중의 음이다.

壬水가 냉철한 이성을 판단력을 요한다면, 癸水는 개인적이고 감성적인 부분을 다루고 있으며 자유분방하며 예민한 성정으로 창조적인 기운을 함께 지니고 있다. 水生木의 부모 마음으로 甲乙木을 키우고자 사방으로 뻗어 나가며 특히, 乙木 식신을 유난히 좋아한다.

일지 酉金이 편인이고 남녀 모두 육친상 어머니인데 어머니와 인연이 깊으며 중년에는 어머니를 모시고 살 수도 있다.

일지 酉金은 성격상 매사 일처리를 함에 있어 군더더기 없이 깔끔하고 완벽해지려는 기질을 가지고 있어 주변에 인정은 받지만 정작 본인은 편인의 기질상 스스로를 힘들게 하는 부분이 있다. 끊임없이 한 분야에 파고들어 매듭을 짓고야 마는 강한 집념과 카리스마가 있다.

60갑자 일주론

癸酉 일주는 마르지 않는 우물이고 옹달샘이며 스스로 자정작용을 하고 있으니, 머리가 좋고 지략과 지혜가 출중하다. 일지 편인의 기획이나 아이디어, 독창성이 뛰어나니, 감성과 예리함, 냉철함, 집중력으로 결과물을 만들어 내고 문학이나 창작, 예술적 분야, 공학 분야에도 탁월한 결과를 이끌어 내는 능력이 있다.

완벽주의, 결벽주의자가 되기 쉽고 주위가 정리, 정돈이 안 되면 마음이 불안해지는 면이 있다. 아집과 독단적인 기질이 강해 자기 안으로 들어가는 자기만의 세계관이 강하니, 밖에서 보면 밝은 사람으로 보이지만 혼자의 외로움과 고독감을 지니고 있다. 물도 너무 맑으면 고기가 놀지 않으니 세상과 소통하려면 편집적인 사고방식에서 벗어나 열린 마음, 너그럽고 스스럼없이 받아들이는 중용의 마음가짐이 필요하다고 볼 수 있겠다.

천간 甲乙목을 만나면 할 일이 생겨나니 편인의 학습된 지식과 자격증을 제대로 활용해 써먹을 수 있으며, 丙丁화가 있으면 자신이 가진 아이템과 기술을 재화로 만들어 나갈 수가 있어 사회생활에 용이하게 써먹을 수 있다.

천간이나 지지에 근토나 未토의 편관이 있을 때는 일의 막힘이나 어려움이 많이 생길 수 있는데 이럴 땐 식신의 기술적인 실력과 상관의 상황 대처 능력으로 해결하거나 인성의 마음으로 살인상생하면 잘 넘어갈 수 있게 된다.

❖ 12운성

병지에 해당된다. 병지란 아파서 병원에 누워 있는 물상이니, 외로움이고 혼자의 고독이 될 수 있다. 그러니 혼자서 꽁꽁 싸매고 있지 말고 모임을 통한 소통의 창고도 열고, 명상을 통한 내면 챙김을 통해 마음의 여유도 가지면 긍정적인 사고의 기틀이 열리게 된다. 편재의 역마성을 통한 여행도 하면서 삶의 즐거움도 찾고 취미생활도 즐겨야 한다. 삶의 외로움과 심심함은 편재의 호기심과 항상 집중할 수 있는 재밌거리를 찾음으로써 해소가 된다.

❖ 지장간

庚辛이 들어 있다. 정인 편인만을 두고 있으니 깊이 사색하고 신중하며 빈틈을 보이지 않는 완벽함을 추구하다 보니 자칫 자기 생각에 빠질 수 있는 외골수적인 면이 있을 수가 있다. 어머니와 인연이 깊고 어머니가 편인의 기운으로 강한 성향을 지니고 삶의 중심을 잡고 있는 분으로 결혼 후 고부갈등을 초래할 수도 있다.

정인과 편인의 인성이 강하면 자기 자격을 반드시 소유하고 그것을 활용해 직업에 써먹는 것이 좋다. 인성이 강하면 몸 쓰는 일보다 머리 쓰는 일이 잘 맞다. 또한, 인성이 식상을 극하고 편인이 식신을 도식하기에 잘해 놓고도 욕을 얻어먹는 경우의 일도 생길 수 있으며 일이 잘나가다가도 운에서 갑자기 막히게 된다든가, 쉬게 되는 답답한 상황이 생길 수도 있으며 반복적인 일이 계속될 수가 있는데 이럴 때는 하던 일을 잠시 멈추고 부족한 실력이나 내면을 채우고 새롭게 업그레이드함이 필요하다.

또한 인성이 강하다 보니 식상관의 부족이 생길 수 있는데 표현과 행동에 있어 사주 안에도 식상관이 약하다면 자기 방식대로 상대를 이해하거나 소통함에 있어 어눌함이 생길 수 있으며, 행동함이 미약하고 생각에만 그칠 수 있다.

내가 가진 것이 金의 인성이니 눈으로 보이는 결실이 주어지고 결과물을 만들어 내는 편이다. 따라서 편인의 실력을 키워서 안으로 내실을 다져야 할 것이며 정인의 보편적 실력이 아닌 남과 다른 편인의 실력을 겸비해서 그것을 무기 삼아 金水로 활용해 나가는 게 좋겠다.

❖ 12신살

癸수는 甲목과 함께 亥卯未운동을 하니 일지 유금은 재살, 수옥살이 된다. 뭔가 한곳에 갇혀 꼼짝없이 있는 모습이다. 하나에 집중하면 끝까지 그 자리에서 꿈쩍 않고 해내는 성향을 뜻하기도 하고, 일지 배우자가 끝없이 금생수해야 하는 모습이기도 해서 배우자 역시 수옥살같이 답답한 그런 심정일 수도 있겠다.

❖ 직업 특성

癸酉일주는 특수 자격증을 소지함이 좋다. 앱이나 특허 등록 등 특별한 재능이 있다. 천간 癸수가 木이 왕하면 건축, 토목, 설계, 창작, 문예와 예술성과도 인연이 있고, 기계, 자동차, 반도체, 전자정보, 통신, 기획 분야 등 정밀 분야와도 인연이 있다.

❖ 배우자 인연

• 남명

丁酉의 모습으로 밝고 실용적이며 현실적이고 사람들과 유대관계 및 재성을 다루는 능력이 좋은 분을 만날 수 있겠다.

• 여명

己酉의 물상으로 매사 잘 순응하고 받아들이고 부지런하고 성실하며 자기 기술이나 자격증의 전문성을 가진, 자존심, 자존감이 강한 분을 만날 수 있겠다.

2) 갑술일주(공망-신유)

(1) 甲戌(갑술)일주(편재·양지)

❖ 성격과 특성

천간 甲木은 시작, 창조의 의미와 함께 앞으로 달려 나가고자 하는 기운인 반면, 일지 자리의 戌土는 가을걷이가 이미 끝난 땅이요, 허토다. 戌토 땅에는 갑목이 더 이상 자라지 않기에 다 큰 동량을 재목감으로 베어 써야 한다는 질적 의미이기도 하다. 한마디로 갑목을 생목(生木)이 아닌 사목(死木)처럼 써야 한다는 것이다. 키우는 땅이 아닌 용도에 맞게 쓰임을 다하는 땅으로 木剋土해야 한다는 것이다.

일지 戌토는 辛酉戌의 창고요, 金을 水로 넘기는 역할을 맡고 있다. 결국 金生水하라는 의미가 있으니 변화와 움직임을 크게 주라는 의미보다는 안정과 실질적 효율성을 취하라는 의미이며, 육체적인 것보다 정신적인 것을 선호하라는 의미이기도 하다. 지장간 속 火를 거두고 水로 나아가는 형국이며 술토 속에 이미 辛(금)의 결과물이 들어 있기 때문이다.

일지 戌토는 편재다. 큰 땅, 큰 재물이며 창고와 보관 역할을 담당하니, 현찰보다는 부동산에 투자하거나 묶어 두는 것이 이로운 일주다.

사주 안에 근(根)이 있으면 재물을 휘어잡을 수 있는 그릇이 되고 신약하면 물질 때문에 끊임없이 木剋土해야 하니 마음고생을 하고 몸도 고달파질 수가 있다.

일지 편재란 아버지와의 인연을 말함인데 아버지가 묘지며, 고지에 앉아 있으니 아버지를 어머니보다 먼저 떠나보낼 수도 있고, 아버지로부터 물질적 혜택을 받을 수도 있고 신약하면 반대로 부양할 수도 있겠다.

甲戌일주는 가을의 갑목이고 거두는 의미이다 보니 자신에게는 사치를 부리지 않고 근검절약한다. 아끼고 아껴 모아 겨울을 준비하는 모습을 취한다. 변화를 싫어하고 고지식하며 자신의 고정관념이 강한 편이다.

여명에 일지가 申酉戌金의 묘지가 되니 남편의 기운이 약해져 건강이나 하는 일이 잘 안 되어 답답함을 느끼기도 하고 아니면, 자신이 그런 처지에 놓일 수 있다. 대신 지지의 다른 인자가 생조해 주면 그러다가 금방 다시 일어나게 된다. 甲戌일주는 재생관 되면 직장이나 사업운이 좋고 재생살이 된다면 직장 내에서 스트레스, 책임감에 시달릴 수 있으며 건강 쪽도 중년 이후 무리가 생길 수 있으니 평소 잘 챙겨 나가면 좋다.

천간에 丙丁화가 있으면 교육이나 홍보, 서비스 쪽과 관련이 있고 壬癸수의 금수 기운으로 가면 전산, 정보, 통신 쪽과 인연이 있다. 일지 편재라 사주 내 인성이 있으면 재극인을 통한 재테크로 자산 안정을 도모할 수가 있다.

❖ 12운성

양지에 해당된다. 양지란 배 속의 얘기가 다 자란 조만간에 태어날 기회를 엿보고 있으니 언제라도 일찍 부모 곁을 떠나 타 지역이나 외국으로 떠날 준비를 하는 모습이니 부모와의 빠른 분리가 생길 수 있다. 또한 양지란 물려받는다는 의미로 조상, 부모로부터 상속받을 일이 생기며 입양, 요양, 부양의 물상이기도 해서 부모를 직접 부양하기도 하고 배우자로 인한 건물이나 부동산을 물려받을 일이 생긴다.

직업적으로는 직접 학원이나 요양원 등을 운영하기도 하며 양육(養育)의 형태로 가르치는 물상이기도 해서 선생님 등 교육과 관련된 직업이나 사업을 하기도 한다.

❖ 지장간

辛丁戊가 들어 있다. 辛금은 정관, 丁화는 상관, 戊토는 편재다.
丁화 상관이 辛금을 상관견관하고 상관은 편재를 상관생재하고 편
재는 정관을 재생관하고 있다. 정관이 있으나, 상관견관하니 자신
아니면 배우자가 직업의 변동수가 잦을 수 있으며, 여명 입장에서
남편의 경제활동이나 성격이 마음에 안 들어 마음으로 불평, 불만
이 많을 수 있겠다. 또한 일지 토금의 기운이 강하니 화기운이 약하
면 임신이나 난임의 걱정거리가 생길 수도 있겠다.

천간 辛금은 이미 제련된 금인데 丁화를 보면 예민해질 수밖에 없
다. 특히, 여명 입장에선 辛酉戌의 묘지에 있으므로 배우자로 말미
암아 스트레스나 어려움이 생겨날 수가 있다. 이 또한 나의 기운으
로 말미암은 것이니 남편 탓을 하기보다 내 실력을 배양하여 삶의
안정을 찾는 것이 벗어나는 길이다.

일지 戊토는 천문성이며 활인지명이기에 마음 자리를 키우고 닦
아 냄으로써 더 큰 운을 받아 내릴 수 있음이니, 상대 탓을 하기보다
실력을 갈고 닦아 당당하게 나아가서 나의 질량을 높임이 더 가치
있고 의미 있는 삶이 될 것이다.

술토는 金의 저장고로 주머니에 들어온 돈은 웬만해서 나가지 않
는 알뜰살뜰한 기운으로, 안 쓰고 아끼고 저축하는 마음으로 살아

나가는 모습으로 귀중하고 소중하게 다루기에 부자가 되는 것이다.

❖ 12신살

일지 戌은 갑목이 亥卯未운동을 하니 천살이 되며 천문성이기도 하다. 천살은 하늘이 준 숙제이며 조상 자리이기에 배우자가 있으니 내 공부거리가 분명 있어 인연으로 와 있으니 매사에 마음 챙김과 명상, 배려의 갖춤이 필요하다 하겠다.

❖ 직업 특성

일지 편재며 천문성의 기운이니 은행이나 펀드 관리, 교육, 부동산, 요양 사업, 묘지 대행, 의약업, 사회복지, 철학 등 활인업 등에 잘 맞다.

❖ 배우자 인연

• 남명

戊戌의 무던하고 주관이 확실하고 고집스러우며 자립심이 강하고, 사회적인 역량과 억척스러움이 있는 여성분을 인연으로 만날 수 있다.

• 여명

辛戌·庚戌의 모습으로 자기 주관이 뚜렷하고 고집스러워 쉽게 휘둘리지 않으며, 인성의 자격증을 가지고 괴강의 모습으로 전문직에서 종사하는 분을 만날 수 있겠다.

(2) 乙亥(을해)일주(정인·사지)

❖ 성격과 특성

망망대해의 돛단배요, 물 위에 떠 있는 연꽃이다. 水生木하여 일간의 乙木을 생하려 하나 일간 乙木은 습목인 데다 뿌리 없이 일지 亥水 위에 떠 있으니, 일간의 근이 없으면 방향을 잘못 잡고 동서남북 인생을 부유(浮游)하게 될 수도 있다.

일지 亥水의 큰물을 乙木이 소화해 내기 위해서는 반드시 乙木의 근인 寅卯辰이 지지에 있어야 하고, 천간에 戊己토가 있으면 토극수하여 일정 수위를 조절해 나갈 수 있는데 현실적이고 안정을 지향하며 이상향에 매이지 않게 된다.

천간의 丙火는 삶의 희망이며 乙木이 가야 할 방향성을 제시해 주며 木生火로 지속성을 유지하여 발전과 명예가 살아난다. 土가 사주에 있으면 현실적이고 지나친 이상향에 매이지 않게 되며 사회적 배경이 좋다.

亥水 정인은 일반 지식을 통해 지혜와 통찰력이 열리고, 국가적 자격을 갖출 수 있는 인자가 되며 戊亥 천문성으로 사고(思考)의 깊

이가 남다르다. 한 분야에 매진하면서도 다채롭게 이것저것을 습득하고 교양을 쌓아 가는 것을 좋아하고, 삶의 궁극적 이치를 알고 싶어 하며 배우기를 원래부터 좋아한다. 일지 정인은 정관을 관생인하니, 직업적 성공과 안정, 명예를 추구할 수 있으며 주변의 인지도도 좋다.

인성은 어머니요, 12운성의 死지에 놓이니 조용히 묵묵히 뒷받침해 주는 어머니의 정성이 있으며 행여 어머니와의 인연이 약해 일찍 돌아가시는 경우도 생길 수도 있다.

인성이 과하면 식상을 극하므로 생각은 많으나 행동력이 부실할 수 있으며 잡생각만 많아지고 게을러질 수 있다. 일지 亥水는 은하수라고도 하는데 우주의 무한한 정보가 亥水 정인 속에 들어 있으니 지식을 넘어 지혜로 깨어나서 그것을 제대로 활용하고 써먹을 줄 알아야 발전하고 성장한다.

乙亥일주는 어려움을 딛고 연꽃처럼 피어나는 기질이기에 한 분야에 집중력을 모아 끈기 있게 매진해야만 자신이 원하는 삶을 살아 나갈 수가 있다. 亥수는 천문성으로 마음수양, 의학, 종교, 천체에 대한 관심이 그만큼 크고 밀접한 관련성이 있으며 그와 관련된 모임이나 단체에 가입할 수도 있고 그와 관련된 일을 직업으로 하기도 한다.

일지에 亥水 정인을 깔고 있으면 반듯하며 부모에 대한 효심이 있으며 고지식하면서 순수한 아이 같은 마음을 가지고 있다.

사주에 천간 丙가 있어 木生火하여 활력을 주고 戌토가 있어 일지 亥수를 조절할 수 있으면 안정을 찾고 쉽게 감정에 휘둘리지 않는다. 일지에 未나 戌의 토가 있으면 亥수의 물량을 적당히 조절할 수 있어서 삶을 살아 나갈 수가 있다. 乙亥일주는 상상력과 생각이 깊고 감정선이 풍부한 일주다. 차분하고 모든 것을 품는 모성애다운 면모가 있다.

그러나 잡생각이 너무 많으면 생각이 분산되어 집중도가 떨어지기에 생각을 정리하는 것이 필요하고 또한 부드러움 속에 강인함의 베짱이 필요한 일주라고 볼 수 있다.

일지 정인은 재성을 다루는 부분이 미약한데 편재의 재극인이 되지 않으면 계산이 더디고 현실감이 떨어지며 눈치가 없고 사람만 좋았지 결과치가 약할 수 있으니 편재의 재극인으로 현실 직시가 필요하다.

❖ 12운성
일지 亥수는 死지에 해당된다. 이미 경험할 것은 다 해 봤기에 死지는 육체보다는 정신적인 지식이나 자격증을 통한 전문성을 요하는 직업을 선호하는 것이 잘 맞으며 亥水 자체가 지혜를 뜻한다. 일지 배우자 자리가 死地에 있고 寅申巳亥의 변화하는 기운에 놓이게 되는데 마지막 6수로 음수이므로 子에서 1양시생하니 변화수요, 배우자가 바뀔 수 있는 상황에 놓이게 된다는 의미가 담겨 있다.

❖ 지장간

戊甲壬이 들어 있다. 甲木 겁재가 戊土를 목극토하고, 壬水 정인이 甲木을 수생목하며 戊土 정재가 壬水를 재극인하고 있다. 무토는 정재요, 12운성에서 절지에 해당되므로 자격이 확실하지 않으면 물질적인 어려움이 따를 수가 있음을 나타내고, 정재가 정인을 재극인하면 어린아이가 돈을 다루는 모습이기에 돈 관리가 잘 안 된다고 봐야 한다.

甲木 겁재는 산소 같은 생기가 되며 비빌 언덕이 되어 壬水의 큰물을 설기해 준다. 乙亥일주의 乙목은 甲목이 있으므로 해서 의지처가 생기며 활력을 찾고 생기를 찾을 수가 있다.

甲목은 壬水의 水기운을 소토하고 乙木을 도와 목생화하며 乙목에게 힘이 되어 준다. 겁재의 욕심과 야망을 가지고 경쟁력을 갖추어 앞으로 달려 나가야 한다.

임수가 강해지면 부목(浮木)이 될 수 있기 때문에 壬수 정인의 깊은 공부와 인성의 자격을 제대로 써먹을 수 있도록 자격을 갖추고 火의 식상의 확실한 행동력으로 실행해 나가야 한다.

❖ 12신살

일간 을목이 寅午戌운동을 하니 일지 해수는 겁살이다. 겁살은 느닷없이 좋은 상황과 좋지 않은 상황이 함께 올 수 있음을 의미하는데 배우자와의 관계에서 생사,이별의 관재 또한 겁재의 모습이 될 수 있다.

❖ 직업 특성

정인을 활용한 식상관, 재능 발현과 관련 있다. 木火 기운은 언론, 교육, 출판, 종교, 철학과 인연이 있다.

❖ 배우자 인연

- 남명

己亥의 물상으로 일지 인성의 품성으로 안정감이 느껴지고 뭐든 잘 받아들이고 배우자에게 최선을 다하고 열심히 정직하게 가정을 꾸려 나갈 수 있는 착한 분을 만날 수 있겠다.

- 여명

辛亥의 모습으로 깔끔하고 인물은 준수하고 인간관계를 막힘없이 해 나갈 분으로, 까칠하면서도 매력이 있고 수단이 좋고 비상한

머리를 가진 소유자이며, 예술적 감각과 음주가무를 좋아하는 분을 인연으로 만날 수 있겠다.

(3) 丙子(병자)일주(정관·태지)

❖ 성격과 특성

子水 씨앗이 햇빛을 본 것이니 한 줄기 빛이요, 희망이며 성장동력이 된다. 일간 丙火이지만 차가운 子를 깔고 있는 丙이기에 빛의 세기가 丙火답지 않고 작아질 대로 작아진 모습이다. 일지 子水가 丙火를 만난 것은 꿈 많은 소년, 소녀가 거대한 이상과 기대치를 만났다고 볼 수 있다.

丙子일주는 천간과 지지가 서로 분리된 모습을 볼 수 있다. 일간 丙火는 위로 향하고, 일지 子水는 아래로 내려가는 반대 방향의 모습으로 서로 몸이 분리된 화수미제(火水未濟)의 상태를 나타내고 있다. 이것은 일지 子水가 丙火를 水克火한 모습으로 겉으로 드러난 모습과 안으로 내비친 모습이 다름을 알 수 있다. 그만큼 말로 표현 못 하는 소심함과 내면에 숨겨 놓은 여러 생각들로 은근한 스트레스를 안고 살아 나갈 수 있음을 암시한다. 천간지지가 따로 놀기 때문에 부부 간에도 마음을 합심하기가 쉽지 않다.

일지 子水는 정관이다. 책임감이 강하고 자기 소신과 확신으로 삶을 모범적으로 살아가려는 모습이다. 겉으로 드러나는 모습은 丙火의 밝은 이미지가 있지만 실제 안으로는 정관의 예의와 규범의 범주 안에 주변의 눈치를 살피는 소심한 면이 있고 은근 속이 좁은 모습도 보인다. 꾀돌이처럼 총명하고 영악한 면이 있는데 水火의 운동성으로 순간 섬광처럼 번뜩이는 지혜로움이 있고 암기력 또한 좋다. 子水 정관은 꼼꼼하면서도 치밀하고 예민한 면이 강하다.

❖ 12운성

일지 子水는 태지로, 막 아기가 임신된 모습이다. 태지가 子水이므로 새롭게 시작하고 창조하고 뭔가를 만들어 나가는 인자로 머리 회전이 빠른 만큼 경험치가 없는 상태이므로 귀가 얇아 남의 말에 혹세무민하여 일을 그르칠 수도 있으니 조심해야 한다.

태지에 놓이니 초년에 부모의 환경이나 가르침이 많은 영향을 미친다. 태지는 아직 세상 물정을 모르는 상태이니 새로운 상황이나 현실에 놓이게 되면 순간 불안하고 겁이 나며 쉽게 동요되는 면이 있으며 사람을 쉽게 못 믿는 마음이 강한데 의외로 한번 친해져 믿으면 맹목적인 믿음이 생겨난다. 子水는 이제 새로운 생명의 시작점이니 많은 경험치와 실전을 통해 자신을 세상 밖으로 드러내야 한다.

❖ 지장간

壬癸가 들어 있다. 壬水 편관과 癸水 정관이다. 관살이 혼잡되어 있고 水기운으로만 이루어져 있다. 밖으로 펼치는 기운보다 내실을 다지고 안으로 모으는 기운이며, 직업적으로 정관의 자리를 찾지 못하면 직업의 변화가 잦을 수 있고 스트레스 또한 많이 받을 수 있겠다.

특히 남명은 자식의 기운이 강하기에 정관인 자신의 틀에 맞추어서 자식을 키우다 보면 소통의 부재가 온다. 직접 관여하지 않고 멀리 지켜보면서 자식의 개성을 인정하고 받아 주고 존중해 주는 것이 원만한 사이를 유지하는 대처가 되겠다.

여명에 있어 일지 정관의 예의 바르고 도리에 충실하고 남편에게 충실하려는 모범적인 모습을 보여 준다. 배우자가 子수라 어린아이 같은 면이 있으며 水剋火로 자신을 극하는 입장이기에 잔소리꾼 남편을 만날 수 있고, 남편으로 인한 스트레스가 많이 생길 수가 있겠다. 자신의 입지가 강하면 반대로 水克火를 덜 받을 수 있기에 사회적인 입장에서 자리의 안정을 찾고 명예를 높인다면 부부 사이가 원만해질 것으로 보인다.

재성이 있으면 재생관도 되지만 재생살도 되기에 내가 약하면 물질의 어려움과 스트레스에 봉착하게 되니 무엇보다 근기를 강하게

키워 자신감, 자력으로 스스로를 일으켜 세울 수 있는 자리를 확보
하는 것이 중요하겠다.

❖ 12신살

일간 丙화는 寅午戌운동을 하니 일지 子수는 재살이다. 어딘가
에 갇혀 있는 답답함을 느낄 수 있는데 배우자 자리가 그러하니 배
우자로부터 그러한 느낌을 받을 수 있다. 도리어 이럴 때는 외부에
눈을 돌리지 말고 자신의 장소에 틀어박혀 지내면서 일에 몰두하고
사회생활을 꾸준히 해 나가는 것이 좋은 해결책으로 스트레스를 덜
받는 길이다.

❖ 직업 특성

정관적 안정을 추구하는 직종에 종사한다. 子수는 아이디어며 세
밀하고 창조적인 것이기에 창업이나 개발, 기획과 관련한 분야 및
정관의 틀을 갖춘 공기업, 공무원 등 직장 생활이나 프랜차이즈 사
업이 적합하다.

❖ 배우자 인연

• 남명

庚子의 물상으로 눈치가 빠르고 머리가 좋으며 입담이나 상황에
맞춘 융통성이 좋은 분을 인연으로 만나겠다.

• 여명

壬子의 기운으로 골격과 몸매가 좋으며 사회적인 활동성을 추구하며 자기 스타일을 고수하니, 욕심 많고 실리적인 분을 만날 수 있다. 자식을 낳고 책임감으로 가정을 이끌어 나갈 인연자다.

(4) 丁丑(정축)일주(식신·백호대살·묘지)

❖ 성격과 특성

丁火는 빛이요, 열이요, 내면의 깊은 정신세계를 뜻한다. 일지 丑土의 얼어 있는 땅에 지장간 辛金 씨앗을 품고 있는 모습인데 丁火가 丑土에 온기를 불어넣어 주고 있는 모습이다. 丑土 입장에서 보면 丁火를 이용함이 즐겁지만 丁火 입장에서 보면 자신의 화력이 소모되고 꺼져 가는 형국으로 정신적 소모가 클 수 있다.

丑토는 식신이다. 철두철미하고 꼼꼼한 성격으로 섬세하고 빈틈없이 일을 해 나가는 기운으로 프로 정신이 있으며 전문가로서 자존심도 강하고 차곡차곡 자신의 역량을 쌓아 나가는 형국이며 정축일주가 백호대살로 강한 기운을 타고났기에 프로 자질로 집중력과 근성을 가지고 일에 몰입한다. 내뿜는 불을 가진 식신이기에 바른 말 하기를 좋아한다. 뱉은 말이 화근이 되기도 하기에 항상 언변에 조심을 하고 말로써 덕을 쌓는 것이 결국 복이 되어 돌아옴을 잊지 않았으면 한다.

丑토 식신은 식복이니 날 때부터 자기 밥그릇은 타고났으니 丑의 성실함으로 실력을 인정받고 전문가로 거듭날 수 있는 있는 일주다. 일지丑은 사유축의 묘지가 되니 재성묘지요, 고지가 된다. 丑토가 땅이니 부동산과 인연하여 부를 축적할 수가 있으며 조상, 부모로부터 물려받은 유산이 생길 수가 있다. 또한 축의 인자가 보이지 않는 세계와의 연결이기도 하기에 직관적이고 예지력, 느낌이 남다르다.

식신은 관성을 제 입맛대로 조절하려는 기질이 있으므로 마음에 안 들면 바른말이 먼저 나가게 되지만, 항상 자기 관점에서 상대를 바라보기에 편견이 생길 수 있으니 말을 할 때 신중해야 한다.

丁丑일주는 火生土하여 火의 기운이 설기되니 사주에 木을 만나야 亥子丑의 水기운을 木生火로 넘겨 丁火의 불씨를 살릴 수가 있다. 따라서 인성의 능력과 자질을 키우고 자격증과 전문성으로 식신을 제대로 써먹어야 오래갈 수 있겠다.

❖ 12운성
묘지에 해당된다. 묘지란 몸 쓰는 일 즉, 육체적인 힘든 노동을 하기보다는 정신적인 지식이나 자격을 갖추고 지혜를 활용하는 일에 잘 맞다는 것이며 정축일주는 마치 깊은 산중 토굴에서 촛불 하나 켜 놓고 기도하는 모습의 물상이기도 하니, 활인으로 많은 사람을 이롭게 하는 삶을 살아야 하는 구도자의 모습이기도 하다.

재물의 묘지요, 창고이기 때문에 뭐든 아끼고 재산을 증식한다. 축토는 해자축(亥子丑)의 차가운 동토와 水의 묘지이기도 하다. 찬 기운이 병을 얻게 할 수 있으니 평소 몸을 따뜻하게 유지하고 운동도 병행하여 혈액을 잘 돌게 하는 것이 좋다.

❖ 지장간

癸辛己가 들어 있다. 癸수는 편관, 辛금은 편재, 己토는 식신으로, 식신생재 재생살 식신제살의 구조다. 식신생재로 실력과 성실함으로 재물을 쌓아 나갈 수는 있으나 재생살의 어려움은 반드시 거쳐 가게 된다.

癸수는 편관으로 책임감이 강하고, 과로로 인해 스트레스가 쌓일 수 있으며 편관 癸수가 일간 丁화를 수극화하니 잘 진행하던 것이 중간에 멈춤이 생길 수 있으며 차가운 기운이 불의 기운을 꺼트리니 건강을 해칠 수가 있다.

丑토가 얼어 있는 땅이고 백호대살의 압축성이 있으므로 혈관계 질환과 관련된 질병과 여명에 있어 호르몬과 관련된 부분을 신경 써야 하고 평소에 건강관리에 신경을 써야 하는데 냉증으로 인해 어혈이 많이 생길 수 있음이다.

식신제살은 순간의 눈치나 입담으로 어려움을 해결해 나가는 모습을 보이며 어려움을 내버려두지 않고 직접 나서서 해결하는 모습이다.

殺의 어려움에서 벗어나는 방법으로는 식신의 말 한마디라도 긍정적이고 상대를 위한 이로운 마음으로 활인하고 상대 역시 공부를 시켜 줄 나의 배역이며 내 모습이라고 생각하고 배려하고 나간다면 차차 어려움에서 벗어날 수 있을 것이다.

여명에 있어 亥子丑의 묘지에 배우자가 있으니 자식을 낳고 부부 사이가 멀어질 수도 있고 중년 이후 남편의 사업이나 건강, 혹은 자신의 건강에 문제가 생길 수 있으니 잘 챙겨 나가야 하겠다.

❖ 12신살
화개살 백호대살이다. 일간 丁화가 巳酉丑운동을 하니 일지 丑토는 화개살이 된다. 화개살은 종교 물상이며 마음 수련, 명상, 철학 등 마음을 다스리고 활인업과도 인연이 많다.

정축일주는 백호대살이다. 백호대살은 프로의 별이며 군·검·경,

의료 관련업같이 강한 기운을 가진 전문직종과 관련이 크며 대의명분을 위해 살아야 건강과 물질적 안정을 함께 가져갈 수 있는 기운이다.

❖ 직업 특성

불을 가진 식신의 전문성으로 해설가, 강사, 교육, 기술직, 군·검·경, 의료계, 반도체 등 특수 직업 및 종교와 인연하는 직업에 잘 맞다.

❖ 배우자 인연

• 남명

辛丑의 물상으로 전문직종의 자격을 가지고 조금은 까칠하고 자기를 분명히 표현하는 자존감이 강한 당당한 분을 만날 수가 있겠다.

• 여명

癸丑의 물상으로 국가 공무원에 준하는 자존감이 강하고 책임감이 강한 분을 만날 수가 있겠다.

(5) 戊寅(무인)일주(편관·장생)

❖ 성격과 특성

태산 아래 장생의 어린 호랑이의 모습이다. 일지 寅木 편관은 정관처럼 틀에 박힌 공간이 아니라 어디든지 제약 없이 넓은 지역을 포괄하는 뜻으로 편관 자체가 역마성의 기질을 이미 가지고 있다. 戊寅이라 함은 과거 말 위에서 올라타서 칼을 휘두르며 용맹하게 적군을 물리쳤던 편관의 장수를 떠올리게 한다. 모험심이 강하고 편관의 어려움을 두려워하지 않고 맞서 싸우며 없던 길도 만들어 나가는 개척정신을 가지고 있으며 의리가 강하다.

본래 일지 寅木은 정이 많고 어려움을 보면 그냥 못 지나가고 베풀려고 하는 仁의 마음이 내재되어 있으며 예의 또한 깍듯하다. 천간 戊土는 흔들림이 없고 변함없는 무던한 성격을 의미하므로 무게중심이 있으며 일지 편관의 카리스마도 있는 일주다.

일지 역마의 기운으로 가만있는 직업성과는 잘 맞지 않고 뭔가 새로운 일을 벌이고 움직이며 활동적인 일에 적합하며 직업이 그렇지 못하다면 취미라도 그런 모험적인 것을 즐기려고 찾아 나서게 된다.

얼굴이 귀엽고 호감 가는 형이며 호탕한 기질과 넓은 아량도 있으며 고지식하고 내색하지 않으면서도 책임감이 강하다. 또한 寅木의 급한 성격과 편관의 자존심, 야망도 크니 명예를 더 높이려고 달려 나간다. 자신의 그릇을 키우기 위해서는 뭐든 성급하게 일을 해결 하려 하지 말고 느긋한 마음수양과 지혜가 필요하다 하겠다.

일지 寅木은 丙火를 보면 더욱 힘을 얻어 戊土로 달려 나갈 것이 니 천간에 丙火, 지지에 巳, 午가 있다면 寅木을 살인상생하고 덕과 인성, 지식을 겸비해 주는 역할을 하여 金으로 나아가기에 지혜와 분별력을 알려 준다.

戊寅일주는 편재가 역마에 놓이므로 바쁘게 살아가는 명으로 부 자가 많으면 운에서 짧은 시기에 거액의 돈을 움켜쥐기도 한다.

❖ 12운성

장생은 갓 태어난 아기를 의미한다. 응애 하고 울면 엄마가 없어 도 어디에서 나타나 아기를 보살피고 젖을 먹이는 형상이라 후견인 의 도움을 받고 산다. 戊寅일주를 아기 호랑이라고 부르기도 하는 것은 장생을 가진 호랑이기 때문이다.

장생은 얼굴이 엄청 예쁘다기보다 어딘가 호감이 가고 어디를 가 도 인기가 많다. 장생으로 타고난 사람은 웃는 얼굴로 먼저 다가가 면 주변의 사랑을 듬뿍 받고 귀인의 조력을 얻을 수가 있다.

❖ 지장간

戊丙甲이 들어 있다. 戊土는 비견, 丙火는 편인, 甲木은 편관이다. 살인상생으로 비견의 내공을 쌓는 일주다. 일지 편관은 어른스러움, 참고 견디는 마음, 겉으로 드러내지 않는 자존심이 강한 면을 보이고 장생의 순수하고 여린 면도 함께 보여 주며 편관은 모험, 어려움, 위기, 스트레스를 함께 가지고 있어 이것을 편인의 인성으로 인정하고 받아들임으로써 내적 마인드가 단단하고 강하게 자리 잡게 된다. 결국 삶의 어려움이란 나를 더욱 단단하게 만드는 재료가 되어 더 큰 어려움이 닥쳐도 아무렇지도 않게 받아 넘기는 내공으로 자리매김하게 되니 삶의 풍파가 결코 내가 미워서 어려움만 주려고 한 것이 아닌, 내적 성장을 기르고 강인함을 기르기 위한 방편임을 알아야 할 것이다.

丙화 편인은 자신의 전문적인 자격과 기술을 가져야 함을 의미한다. 丙화 역시 寅목의 장생이기에 분명히 특화된 전문성을 충분히 더 살릴 수가 있는 일주이다. 또한 그렇게 했을 때 편관을 쉽게 극복하고 편관의 사회성과 직업성을 높일 수가 있는 것이다.

여명에 있어 일지 편관이 장생지에 놓이므로 거칠어도 애처가에 매력 있는 배우자를 만날 수 있고, 자식으로 보면 식신이 절지에 놓이므로 자식과 일찍 떨어져 살게 되는 경우가 많겠다. 남명에 있어서 壬寅의 물상으로 활달하고 사회생활로 바쁘고 부지런한 배우자를 만날 수 있음이다. 남명에 있어 배우자 자리에 자식이 있으므로 자식에 대한 사랑이 크며 자식이 장생과 건록지에 있어 건강하고 똑똑한 자식이라고 볼 수 있다.

❖ 12신살

지살이다. 천간 戊토가 寅午戌운동을 하고 있을 때 일지 寅목은 지살의 역마살과 비슷한 역동적인 기운을 가지게 됨에 따라 자신을 알리고 홍보하고 마케팅하는 그런 활동적인 일이 잘 맞음을 의미하니 무엇보다 자신을 먼저 세상에 알려라.

❖ 직업 특성

편관과 편인의 조합으로 교육, 행정, 기술직 공무원, 건축업, 부동산, 의사, 의약업, 법 관련, 군인, 경찰 등.

❖ 배우자 인연

• 남명

壬寅의 물상으로 직업적인 프로 정신으로 전문성을 가지고 바쁘게 삶을 사는 머리가 명석하고 부지런하며 성실한 분을 만날 수가 있겠다.

• 여명

甲寅의 물상으로 약간은 뚝배기 같고 무뚝뚝함 속에 정이 많으며, 스스로 주관적이고 책임감이 강하며 활동적인 일을 찾아 개척해 나가는, 긍정적이고 다소 자기 고집과 신념이 강한 분을 만날 수 있겠다.

(6) 己卯(기묘)일주(편관·병지)

❖ 성격과 특성

모판에 어린 모종을 심어 놓은 모습이다. 일간 己土는 습토로 어린 묘목을 부지런히 키워 내는 어머니의 모습이다. 일지 卯木은 새싹이며 사방으로 뻗어 나가려는 모습이기에 긍정적이고 활기찬 기운인데 이때 가장 필요한 것이 丙火나 巳火가 된다.

천간에 丙火가 있으면 木生火, 火生土로 일지 묘목을 쭉쭉 성장시키며 주변에 인덕으로 위험이나 어려움이 생기더라도 벗어날 수 있는 길이 열리고 보호를 받을 수가 있다. 일지 편관이니 천간 지지에 식상관의 金이 있으면 자신의 재주로 편관을 잘 써먹을 수가 있어 사회생활에 능숙한 자가 된다.

일지 卯목은 편관이기에 명예욕이 크고 자존심이 강하고 완고하고 성실하면서 책임감 또한 강하며 예의도 바르기에 주변으로부터 인정을 받지만 정작 본인은 어린 묘목이라 소심한 면이 있어 주변 눈치를 보느라 예민해지고 스트레스도 많이 받는다. 원래 卯라는 토끼는 寅申巳亥처럼 활동범위가 넓지 않고 자신이 알고 있는 범주 내에서 움직이는 동물이기에 활동무대가 어느 정도는 정해져 있음을 의미하기도 한다.

천간 己土는 이정표이며 火와 金을 연결하는 다리 역할을 하고 있어 천간에 庚辛금이 있으면 자신이 갈 일이 정해져 있어 어릴 때부터 목표 지향적으로 달려 나간다.

뿌리 없는 신약명은 결과가 미약하고 쉴 새 없이 몸을 움직여야 하니 몸도 마음도 짓눌려 스트레스뿐 아니라 건강 또한 중년에는 아픈 곳이 많이 생긴다. 편관은 자신을 극하는 기운이기에 일간의 근이 강해야 편관을 눌러 명예와 직업성이 좋아지며 반대로 신약하면 편관의 어려움에 직면하고 몸도 마음도 눌리게 된다.

자신의 자리에 편관이 놓였다는 것은 수많은 경험치를 통한 달관한 삶과 통찰력을 지니라는 의미다. 여러 경험을 해 나가다 보면 어려움 역시 나 자신을 공부시키고 단련시키는 성장 도구일 뿐 나쁜 것만이 아님을 알게 된다.

일지 卯木은 손재주가 좋아 음식이든 기술 분야든 맡겨 놓으면 무엇이든 똑소리 나게 일처리를 잘하는 재주가 있다. 편관스럽게 책임감이 유독 강하고 자존심과 아집 또한 세기에 남 말을 잘 들으려하지 않고 독단적인 면모가 있어서 스스로 자처해서 일복을 만들기도 하니 자신을 들들 볶는 것도 있다.

여명의 일지 편관은 자신을 콕콕 찌르는 배우자가 있음을 의미한다. 이쁜 말로 편하게 다가오는 존재가 아니라 부담감을 안겨 주고 불안을 심어 줄 수 있는 기운을 가지고 있으니 배우자 고르는 데 신중했으면 한다. 지지에 辰토가 있다면 뿌리가 되어 일지 卯목을 더 넓은 땅으로 확장시켜 키워 낼 수 있음에 여유도 생기고 희망이 넘친다.

❖ **12운성**
일지 묘는 병지에 해당된다. 병지는 몸과 마음의 고통과 수련을 통해 성장하는 인자이므로 자신이 아파 봤기 때문에 상대를 더욱 이해하고 수용할 수 있으며 상대와 더불어 활인의 마음으로 삶을 살아 나가야 하는 인자다. 혼자 있으면 외로움을 타는 기운이니 늘 부지런히 바쁘게 살아가는 일주로서 사람들과 어울리고 직업이나 취미생활로 활력을 찾고 주변과의 소통과 정보를 통해 더 나은 길을 열어 나가는 계기를 만들어야 한다.

❖ **지장간**
甲乙이 들어 있다. 甲木은 정관, 乙木은 편관이다. 일지 자리가 관성혼잡에 놓여 있기에 편관은 안정적인 직장이 아니므로 신약하면 여기저기 직장을 자주 옮겨 다니게 될 수 있지만, 신강하면 편관의 카리스마로 주변의 세력을 이끌어 나갈 수 있으며, 인성이 있으면 승진도 빠르고 안정적인 직업군을 유지하며 인정받고 살아 나간다.

재생살의 구조를 가졌기에 먼저 일간의 근이 있어야 편관의 살(殺)을 극복하고 명예를 추구할 수 있지만 신약하면 돈을 벌어도 나갈 일이 여기저기 생기니 현찰보다는 은행이나 부동산이나 투자하거나 묶어 두는 것이 더 나은 방법이고 사업에 있어 무리한 투자나 이권 개입은 과유불급이다.

일지가 편관이니 배우자 자리가 불편하고 부담스러운 자리임에는 분명하다. 특히, 남명에 있어 일지 편관은 자식의 모습이기도 하기에 사주가 강하고 관인상생한다면 자식복이 좋은 명이라고 볼 수 있지만 뿌리 없이 신약명이라면 자식 때문에 걱정할 일이 생기게 된다.
여명에 있어 배우자의 편관의 자리를 극복하려면 의지하는 마음을 버리고 스스로가 확실한 자리를 만들어 자존감과 명예를 높이고 자신의 미래를 과감히 펼쳐 나가는 것이 좋겠다.

남녀 모두 사주에 식신이 있으면 자신의 실력으로 편관을 식신제살하여 실전능력과 실력으로 편관을 해결해 나갈 것이고, 신약하면 자식으로 인해 걱정할 일이 생기니 독립적으로 강하게 키워야 한다. 인성이 있으면 살인상생으로 참고 인내하며 차분하게 지혜로운 삶을 살아 나갈 수가 있겠다.

❖ 12신살

천간 己土는 사유축(巳酉丑)운동을 하니 일지 卯목은 재살, 수옥살이 된다. 한자리에 갇혀서 똑같은 일을 쳇바퀴 돌듯 해 나가는 모습이라고 볼 수 있다. 한편으로는 스스로를 안으로 가두는 형태가 되니 고정틀에서 벗어나 자유로운 삶을 만들어 나가야 한다.

❖ 직업 특성

공직, 부동산, 교육, 의약, 군·검·경, 항공, 기술직, 건설직, 농업 분야.

❖ 배우자 인연

• 남명

癸卯의 물상으로 장생의 이미지가 있어 손재주가 좋고 부지런하며 하는 짓이 예쁜, 귀염상의 배우자를 만날 수 있는데 예쁜 말을 잘하는 모습이 은근히 매력 있는 분을 만난다.

• 여명

乙卯의 물상으로 자립과 독립성의 기질로 고집 있고 자존심 강하고 자기 의사를 관철하려는 욕심 많은 분으로 일지 卯목의 긍정적인 분을 만나며, 무엇보다 직업적으로 안정된 분을 선택함이 옳겠다.

(7) 庚辰(경진)일주(편인·괴강)

❖ 성격과 특성

일지 辰土로 토생금한 庚金은 일찍 기름진 땅에 열매가 달린 모습이다. 일간 庚金은 결단력과 과감성과 냉정함을 갖춘 채 결과 위주로 나아간다. 반면 일지 辰土는 앞서 나아가는 자신만의 아이디어와 재주를 갖추고 있으나 봄의 기운을 가지고 여름 기운으로 달려 나가는 土로, 생각이나 마음은 급하게 달려 나가려는 성향을 보이나 일간 庚金을 생조해 주기에는 계절이나 시간차로 미흡함이 있다. 일에 있어서도 차곡차곡 자신의 기술이나 실력을 쌓아 나가야 인정받고 사회에 기반을 마련할 수 있다.

일지 辰土는 편인이다. 자신만의 의식세계가 강해서 4차원적이라는 말을 듣게 되는데 그만큼 상상력이 풍부하다는 말이다. 천간에 癸水가 있다면 金水 상관으로 편인의 자격이나 아이디어를 잘 활용할 수 있어 그 쓰임이 유용하며 천간에 甲乙木이 있으면 辰土를 목극토하니 재성적인 이득을 취할 수 있으며 매사 적극적이고 진취적이다. 실제로 편인이 제일 좋아하는 것은 편재다. 자신이 만든 아이디어, 전략을 재성의 사회에 실제 활용하고, 눈에 보이는 물질의 결과를 만들어 낸다. 또한, 庚辰은 괴강살이다. 총명함과 강한 카리스마를 가지고 있어 일단 마음을 먹으면 추진력으로 일을 해낸다. 편인이라 자기중심적 성향으로 성격이 곧고 외골수이며 자신만의 세계를 확립해 나간다.

일지 辰토는 욕심이 많고 뭐든지 해 보려는 야망이 크기에 편인의 자격증이나 자신만의 독자적 기술이나 아이템으로 승부한다면 멋진 삶을 살아 나갈 수 있는 일주다. 여명인 경우 일지 편인이 관성을 설기하므로 자신이 살림을 책임지고 살아 나가기도 한다.

❖ 12운성
엄마 배 속에서 나오는 순간 분리가 생겨나니 양의 물상은 상황이나 환경적으로 일찍 부모 곁을 떠나 해외나 타 지역에서 사회생활을 일찍 경험을 하게 되고 모험을 사서 하게 되는 모습이다.

양(養)은 기른다는 의미로, 교육과 인연이 많고 중년에 부모를 부양하는 책임을 맡을 수도 있으며, 상속의 별이라 부모와 조상으로부터 부동산을 물려받을 수 있는 기운이 들어 있다.

❖ 지장간
乙癸戊가 들어 있다. 乙木 정재, 癸水 상관, 戊土 편인으로 구성되어 있다. 일간 庚금과 지장간 乙목이 乙庚합을 하고 있다. 일간 庚금은 본인의 개인 자격을 통해 정재의 수입으로 재정적 안정을 얻는 모습이다.

남명 입장에선 乙庚합 되어 있어 자기 배우자를 많이 아끼고 챙기며 배우자를 만남으로써 책임감과 물질적 안정을 찾아나갈 수 있음을 의미하고, 천간지지로 암합된 일주는 은근 집착하는 마음도 강한데 일지 편인이 있으니 자기 방식대로 배우자를 집착한다는 의미이기도 하다.

癸수 상관이 乙목 정재를 생해 주고 있다. 주변의 환경이나 상황에 빨리 적응하고 대처하여 정재의 안정적인 물질적 기반을 다지는 모습이다. 乙목 정재가 戊토 편인을 재극인하고 있다. 눈치나 상황 판단이 빠르고 센스가 있다. 편인은 항상 대비하고 걱정하고 준비하는 마음인데 현실적인 재성이 와서 편인에게 즐거움과 물질적 안정을 주고 있다. 편인과 상관의 관계는 서로 협력관계요, 상관이 편인을 잘 써먹으니 영업이나 사람을 상대하는 일에 있어 잘 맞고, 자격증을 가지고 사업, 프리랜서로의 활약도 괴강의 성격상 잘 맞다.

여명인 경우에 辰토 편인은 정관을 설기하는 기운으로 배우자와의 관계가 갈수록 멀어질 수가 있는데 편인은 자신의 방식대로 상대를 맞추고 이해한다는 뜻으로 편협한 사고방식으로 상대를 온전히 이해하고 받아들인다고 보긴 어렵다. 자기 직업을 가지고 당당하고 서로 대등한 관계에서 존중하고 이해하는 관계로 나아감이 좋을 것으로 보인다.

❖ 12신살

일간 庚금은 巳酉丑운동을 하니, 일지 辰토는 천살로 하늘로부터 받은 거역할 수 없는 숙제요, 사명이 있다. 인간은 사람과 부딪히고 깨졌을 때 가장 많은 성장을 한다. 배우자 자리가 천살이니 조상이 들어온 경우니, 배우자를 잘 대우하면 업장이 풀리고 공부가 크게 되는 것이니 뭐든 감사할 일이다.

❖ 직업 특성

사람을 상대하는 서비스업, 교육, 의료, 양로나 양육 시설, 군인, 경찰, 디자이너.

❖ 배우자 인연

• 남명

甲辰이나 지장간 乙辰이 여명의 모습이니, 당당하고 과감하면서 사회생활을 아주 잘하며 인정이 많은 커리어우먼 같은 분을 인연으로 만날 수 있다.

• 여명

丙辰의 모습으로 관대의 물상으로 직업적으로 공직이나 직업성이 뚜렷한 자격을 가진 분을 만나는 것이 좋고, 밝고 활기차며 말재주도 좋으신 분을 인연으로 만날 수 있다.

(8) 辛巳(신사)일주(정관·사지·천록귀인)

❖ 성격과 특성

잘 익은 과일이 햇빛에 반짝이고 있는 모습이며 완성품이 화려하게 포장되어 가치 있게 돋보이는 모습이기도 하다. 천간 辛金은 火에 의해서 제련된 완성품이니 자기 잘난 맛이 강하고 공산품으로 대중들에게 언제라도 당당하게 자신을 드러낼 수 있는 매력이 넘치는 모습이며 독단적이고 독립적인 사고방식을 가지고 있다. 일지 巳火는 빛으로 辛金을 화려하고 빛나게 돋보이도록 만든다.

辛巳일주는 말 그대로 신사의 모습으로 반듯하고 품위가 있는 일주다. 일지 巳火는 정관이다. 예의나 품성이 바르고 밝은 모습의 소유자며 정의롭고 품격을 갖춘 모습이다.

직업적으로 고위직이나 공직에 놓이게 되고 개인 사업을 하더라도 인정받고 존중받을 수 있는 인자를 가지고 있으며 일하는 모습이 원리, 원칙적이고, 책임감이 강하며 주도면밀하여 한 치 실수 없이 하려는 인자이며 주변의 시선을 많이 의식하는 편이다.

지장간에 비겁이 있어 자기주장이 강해 상대를 내 사람으로 만들고 이기려는 모습이 강한데, 내 고집을 강요하고 은근 고지식함과 자존심으로 상대를 피곤하게 만들 수가 있다. 반대로 겁재에 의해 한 번씩 자신이 피해를 보기도 한다.

木이 있으면 木生火하여 고정적, 안정적인 수입원이 생기고 직업의 안정을 유지해 나가며, 천간에 丙火가 있으면 만인에게 인기가 있고 인정받고 명예가 한층 높아지며 자신의 이상을 실현할 수 있다. 천간에 壬癸수가 있으면 광고나 영업, 생산, 유통라인을 통한 직장이나 장사, 자기 사업을 통한 식상생재로 재성적 사회활동을 하게 된다.

❖ 12운성

일지 巳는 死지가 된다. 死지 자리는 몸 쓰는 일보다 지식과 지혜를 갖춘 정신적인 분야에 잘 맞는 인자로 직업적으로도 일지 정관을 갖춘 전문직 종사자로 정인의 국가자격증을 가지고 일하는 안정적인 직업을 가지면 좋다. 인성과 관성이 함께할 때 인격과 품격이 함께하므로 주변 사람으로부터 존경의 대상이 되며 윗자리까지 자리매김하게 된다.

❖ 지장간

戊庚丙이 들어 있다. 戊土 정인, 庚金 겁재, 丙火 정관이다. 일간

辛金과 지장간 丙火가 병신합이 되어 있다. 일간이 정관을 잘 활용하고 매사 모범적이며 일처리를 수행해 나간다는 의미다. 여명에 있어 정관은 남편이 되니 배우자의 덕이 있고 배우자와 마음을 잘 맞추고 살아 나간다. 단지, 庚金의 겁재가 있어서 자신이 아니면 배우자가 다른 분과 인연이 되는 경우의 수도 있지만, 정관이 겁재를 극하므로 자신 자리, 가정은 확실히 지켜 나간다. 또한, 겁재는 형제나 가까운 지인, 혹은 사업을 통한 사람들을 정관으로 잘 다루고 관리해 나간다는 의미도 있다.

정관이 정인을 생하고 정인이 겁재를 생하고 겁재를 정관이 극하고 있다. 정인과 겁재의 관계는 자신의 실력이 대중에게 먹힌다는 것이고 대중을 선도하고 그들에게 정신적이면서 기술적이고 전문적인 면모를 가르치고 이끌어 갈 수 있는 모습도 있다. 물론 사주가 근이 있어야 자기주장이 받아들여지고 인정되며 재생관하니, 각자 멋진 배우자를 만날 수 있고 스스로를 관리하고 품격 있게 행동하는 모습이다. 남명에 있어 일지 정관은 자식복이 있으며 자식 또한 출중한 자식으로 사회적인 위상을 갖추게 된다. 여명에 있어 자식 자리가 태지에 놓이게 되니 아이디어가 좋고 새로운 것을 모색하고 만들어 내는 창의력이 있는 자식이라고 볼 수 있다.

❖ 12신살
辛금이 申子辰운동을 하므로 일지 巳는 겁살이 된다. 겁살은 직업

적으로 강하고 예리하고 세밀한 분야와 잘 맞아 업상 대체로 활용
하면 좋다. 뿌리 없이 신약하고 천간에 丁화나 지지에 午화기 있으
면 건강이나 탈재 및 일의 스트레스가 누적될 수 있다.

❖ 직업 특성

세밀하고 정교한 분야의 세공, 미용, 타투, 전기·전자, 통신, IT 분
야 및 공무원, 군·검·경, 의료 쪽 인연.

❖ 배우자 인연

· 남명

乙巳의 하늘하늘하고 따뜻한 바람처럼 사교성이 좋고 문예나 예
술적 감각 능력이 타고나 자신을 잘 어필하고, 분위기를 잘 맞추며,
수단과 응용력, 임기응변이나 대처가 빠른 분을 인연으로 만날 수
있겠다.

· 여명

丁巳의 물상으로 자기주장과 열정이 강하고 다혈질적이며, 일에
대해 매진하고 승부수가 강하며, 자기주장을 관철해 주길 원하는
그런 분을 만날 수 있겠다.

(9) 壬午(임오)일주(정재·태지)

❖ 성격과 특성

일간 壬水는 하강하는 기운이고, 지지 午火는 위로 상승하는 기운으로 수화기제(水火旣濟) 두 기운이 가운데서 서로 만났다. 음양이 만났으니 水火가 상통하고 조화가 일어난다. 일지 午火가 조열하고 물기 한 점 없는 상황에서 천간의 시원한 壬水를 보는 순간 바로 끌어당긴다. 일지 午火의 지장간에 丁火가 丁壬합을 하고 있어 壬水를 끌어당겨 자기 것으로 바로 활용하는 능력이 좋은데 실제 암기력이 좋고 공간감각 능력이 좋으며 지적이며 사회성이 좋은 일주다. 인상 또한 남녀 모두 오밀조밀 외모가 이쁘게 생겼으며 사람을 묘하게 끌어들이는 매력이 있다.

천간 壬水는 계산적이며 이성적, 객관적인 성향을 나타내며 일지 午火 역시 지극히 개인적이며 실리적인 면이 있어 현실적 감각과 실속적인 삶을 추구하려 한다.

일지가 정재다. 아주 꼼꼼하고 자기 주변 정리는 확실하며 내성적 소심함과 외향적인 모습을 함께 가지고 있으며 결과 중심의 안정적 삶을 원하는 타입으로 자신이 가진 것을 함부로 하지 않고, 아끼고 소중히 다루며 절약하는 모습이 몸에 배어 있다.

경제적 관념도 명확하고 돈에 대한 소유욕도 크기에 필요 없는 지출을 아끼고 안으로 모으는 성격이다. 물론, 편재가 함께 있어 써야 할 명분이 생기면 확실하게 투자하고 크게 쓰기도 한다. 자존심이 강하기에 한번 삐지면 말을 잘 안 하고 안으로 속앓이를 하기도 한다. 안으로 비밀이 많음에 겉으로 잘 드러내지 않는다.

남명은 배우자를 아끼고 사랑하지만 자기 옆에 두고자 하는 집착으로 이어질 수 있고, 의심과 함께 정재의 소심함도 생길 수 있겠다.

재생관하여 정관의 틀이 강하다 보니 약속 시간을 칼같이 지키고 어긋난 행동을 싫어하며 정리, 정돈 등 있을 자리에 물건이 있어야 안심이 되는 성향이다.

❖ 12운성

일지 午화는 태지다. 이제 막 엄마 배 속에서 아기가 잉태된 모습이다. 아직은 서툴고 겁이 많고 사람을 잘 믿지 못하는 마음이 있고 한편으로 경험치가 부족한 어리숙함이 있어서 한번 믿으면 푹 빠져서 모든 걸 다 쏟아붓는다. 태는 새로운 시도를 여러 번 하면서 체험을 통해 삶을 성장시키고 안정화시켜 나가는 가운데 성장하고 성공하는 일주이니, 삶의 경험을 두려워 말고 시도를 과감하게 하면 금방 결과가 午화처럼 눈에 드러날 것이다.

❖ 지장간

丙己丁이 들어 있다. 丙화는 편재요, 己토는 정관, 丁화는 정재다. 정재 편재가 정관을 생하는 구조다. 정관의 틀을 기본으로 하기에 사회, 조직 속에서 원만하게 규율을 지키며 사회생활을 잘하고 조직에 몸담고 직업생활을 함이 안정적이다.

한편으로, 마음은 편재가 있어 항상 다른 욕심을 내기도 하는데 일시에 재성이 있고 지장간에 관이 있으니 장사를 해도 정재적인 안정성을 유지하는 사업을 한다.

천간의 壬수와 일지 午화와 암합은 애착과 집착인데 남명 입장에선 아내에게 지극히 애착하는 마음이 있다. 뭐든 심하면 집착으로 이어질 수 있으니 과유불급이다.

여명 입장에선 남편에 대한 도리를 다하며 현모양처로서 지극히 가정적이다. 지장간 편재, 정재가 정관을 재생관하니 인기 많은 남편을 잘 관리해야 할 것 같다.
남녀 모두 식상생재 재생관하므로 자식복이 좋다.

午화 정재는 불안정한 삶을 싫어하기에 아끼고 모으자는 주의이며 안정적인 삶을 위해 부지런히 사회활동이나 다른 방편으로 돈을 저축해 나간다. 丙화 편재에 인성이 있으면 주식이나 펀드 등에 과감히 투자하기도 한다.

❖ 12신살

壬수는 申子辰운동을 하니 일지 午화는 재살이다. 재살은 한곳에 갇혀 있는 모습이니, 하나에 집중하면 꼼짝하지 않고 그 일의 성과를 만들어 나간다. 할 일이 주어지거나 직업적인 면에 있어 항시 그 자리를 꾸준하게 지키고 변함없이 나아간다.

❖ 직업 특성

세무·회계, 체인점, 학원 운영, 산후조리원, 숙박업, 서비스업, 주점, 주류업 등에 잘 맞다.

❖ 배우자 인연

• 남명

丙午와 丁午와 같이 양인, 건록을 만날 수 있는 기운이므로 자존 감이 강하고 물질적 욕심이 강해 집에 있기보다 활동성을 추구하고 함께 사회생활을 하는 분을 인연으로 만날 수 있다.

• 여명

戊午처럼 무던하고 지혜롭고 자기 자리의 본분에 충실하며 예의가 바르고 인내심이 강한 분을 인연으로 만날 수 있다.

(10) 癸未(계미)일주(편관·묘지)

❖ 성격과 특성

일지 未토의 조열함 속에 癸수가 뜨거워져 있다. 일간 癸수는 수증기가 되어 사방으로 흩어지는 모습이다. 癸未일주는 뜨거운 未토의 기운이 가만히 있지 못하게 하니, 사방으로 부지런히 먹이를 찾아 돌아다니는 개미의 모습처럼 실제로 누구보다 몸을 부지런히 움직여 바쁘게 세상을 살아 나가는 일주다.

일간 癸수는 水生木하여 木의 생기를 키워 未토에 뿌리를 박고자 한다. 천간에 甲乙이 있으면 木剋土하니 생각한 것을 행동으로 옮겨 편관의 문제를 해결해 나가는 해결사가 되니 식상관으로 직접 맞부딪쳐서 편관의 일들을 해결해 나가는 역할을 한다.

일지 未토는 미역성이라 역마의 물상을 가지고 있으니 젊은 시절 꿈과 열정을 가지고 분주히 움직이는 일주다. 항상 해결해야 많은 난제들 앞에 癸수의 총명함과 지혜로 발 빠르게 대처해 나간다.

일지 未토는 현침이며 편관이라 예민하고 불안한 심리를 나타내는데 편관을 깔고 있으니 제일 먼저는 일간의 근이 있어야 잘 버티고 신강하면 편관을 활용하여 명예와 권위를 찾을 수가 있는데 사주가 신약하다면 몸이 허약한 체질일 수 있으며 힘든 일로 과로할 수가 있겠다.

일지 편관은 책임감이고 명예이며 자존심이기에 누구에게 일을 맡기기보다는 자기가 직접 도맡아 해야 마음이 편해질 수 있는 인자이며 심지어 상대방의 일까지 도맡아서 하는 경우도 많다.

현침의 날렵하고 예민한 기질과 편관의 날카로운 카리스마적 기질로 일처리를 똑소리 나게 잘하는 모습이다. 사주 내 金水 기운이 부족하면 호르몬에 문제가 와서 관절이나 피부 등이 약해질 수 있다.

일지 未토가 土克水하고 있어서 늘 긴장하고 때로는 날카로우며 신경질적인 면이 있는데 未토가 뜨겁게 말라 있는 땅이라 더더욱 그러하다. 일간 癸수의 근인 亥子가 지지에 있거나 천간에 金水가 있어 일간을 生하면 도리어 편관의 기세로 과감하게 처신하고 명예를 더 높일 수가 있다.

여명에 있어 일지 미토 편관은 배우자가 되니 직업의 변동이 잦고 조후가 되지 않으면 예민, 까칠한 분이다. 남명은 일지에 巳午未의 재성의 묘지를 깔고 있으니 열심히 일하고 돈도 잘 모으는 근성 있는 배우자의 모습이다.

❖ 12운성

묘지(墓地)·고지(庫地)로, 아끼고 모으고 절약하고 저축하는 근성이다. 편관의 묘지로 여명에 있어 남편 자리가 묘지이다 보니 남편 덕이 약할 수가 있으며, 남명 입장에선 자식이 묘지에 있으니 자식 때문에 어려움이 생길 수 있겠다.

❖ 지장간

丁乙己가 들어 있다. 丁火는 편재, 乙木은 식신, 己土는 편관이다. 식신생재 재생살 식신제살의 구조다. 부지런히 결과를 위해 근면, 성실하게 노력한다. 생각하고 머뭇거리기보다는 몸으로 행동하는 것이 더 민첩하다. 그러하기에 편재의 큰 결과물이 떨어지는 것이다.

그러나 편관의 리스크가 있으니 과유불급이다. 식신제살은 위기가 올 때나 어려움이 생길 때 도망치는 것이 아니라 직접적으로 뛰어들어서 문제를 해결하는 능력을 말한다. 부딪히는 만큼 실력은 커 나가지만 스스로를 피곤하게 만드는 것도 있다.

남녀 모두 재생살의 자리에 있으니, 살인상생하는 마음 즉, 더디지만 이해하고 받아 주고 기다려 주는 마음이 필요하다. 亥수 기운이 올 때 亥未합으로 마음의 넉넉함, 이해의 폭이 넓어질 것이다.

여명에 있어 식신이 일지 편관을 식신제살하므로 자식이 부모관계를 연결해 주기도 하고, 해결해야 할 어려운 문제를 나서서 도와주는 부분들이 있기에 자식복이 있다.

남명에 있어 일지 편관은 신강하면 음간 양인의 카리스마가 있는 강한 자식을 둘 것이며, 신약하면 내 마음 같지 않은 자식이 될 수 있다. 일찍 인성의 공부와 자격을 갖추어 자신의 소양과 자격증을 통한 사회 진출을 함이 유리하겠다.

❖ 12신살

일간 癸水는 亥卯未운동을 하고 있으니 일지 未토는 화개살이 된다. 화개지란 나를 내려놓고 마음을 비울 때 운이 따른다는 의미이며 종교와 수양, 활인지명이기에 자신을 대하듯 상대를 인정하고 존중하는 태도로 나아가면 어려움도 사라지고 천운이 열린다.

❖ 직업 특성

법조계, 의료기관, 창작, 예술, 이공계, 토목·건설, 숙박업, 부동산 관련업.

❖ 배우자 인연

• 남명

丁未의 물상으로 사회적인 활동력과 열정이 대단한 커리어우먼을 만나며 음식 솜씨도 좋고 자식을 잘 건사할 인연자라고 볼 수 있다.

- 여명

己未의 물상으로 부지런하고 뭐든 욕심을 가지고 자기 일에 최선을 다하는 마음은 여리고 조금은 미성숙한 다혈질이며 자기주장과 고집이 강한 분을 인연으로 만날 수 있다.

3) 갑신일주(공망-오미)

(1) 甲申(갑신)일주(편관·절지)

❖ 성격과 특성

바위 위에 우뚝 서서 고고한 자태를 뽐내는 푸른 소나무 모습이다. 바위 깊숙이 뿌리박아 바위 속의 壬水로 甲木을 키워 내는 모습이 지조와 절개가 있고 고귀한 군자의 기상이다.

일지 申金이 천간 甲木을 金克木하고 있어 일지 편관의 부딪힘과 불편한 환경을 통해 자신을 성장시키고 발전시켜 결국 절처봉생(絶處奉生) 살인상생으로 더욱 세상을 이해하고 포용하며 받아들임에 있어 자신의 그릇을 넓히고 사회에 크게 쓰임이 되는 방편이었음을 알게 된다.

일간 甲木은 생기와 활력을 가지고 무조건 앞으로 나아가고자 하고 새롭게 시작하고 도전해 보고자 하는 개척정신의 선구자로 모범적인 주체가 되고자 하나 시일이 좀 더뎌질 수 있으니 때를 기다리는 모습이다.

천간에 丙丁화가 있으면 식신으로 제살하고 상관으로 상관대살하니 직장이나 사업을 함에 있어 자기 실력이나 처세로 어려운 문제를 해결하는 모습이고, 戊己토나 일지 辰戌丑未가 강하면 재생살하므로 열심히는 하지만 결과가 만족하지 않을 수 있는데 이때는 일간이 근이 있어 신강하면 편관의 카리스마와 냉철한 이성과 의지의 달인으로 살(殺)을 이겨 낸다.

여명에 있어 일지 편관을 깔고 있으니 배우자를 통한 어려움이 찾아오나, 살이생생으로 참고 인내하여 위기를 기회로 삼아 더욱 자신을 다지고 단단하게 성장하게 된다.

천간 壬癸수가 있으면 살인상생으로 참고 인내하는 구조로 가게된다. 일지가 편관일 때는 비겁으로 편관을 맞서 대하면 도리어 명예나 위엄이 높아지고 인성이 있으면 그 자리를 인내하고 잘 버텨낸다.

일지 申(金)은 金의 편관으로 맺고 끊음이 확실하고 의협심, 명예와 자존심과 책임감이 강하며 자기 주체 사상이 강하다. 그러나 뿌리 없이 신약하게 되면 왠지 주변의 눈치를 보게 되고 스스로 하지 않아도 되는 일을 책임감 때문에 남의 일까지 돌보며 스스로 보이지 않는 스트레스를 안고 살아 나갈 수가 있게 된다. 편관으로서의 경험치가 많다 보니 위기 대처 능력이 좋으며 의리도 있고, 인정도 있으며 참을성이 좋은 일주다.

甲申일주는 바위 위에 홀로 서 있는 소나무로 지장간 편인을 깔고 있고 절지에 앉아 스스로의 고독함을 즐기기도 한다.

❖ 12운성

일지 申금은 절지에 놓인다. 절지(絶支)는 육체와 영혼이 아직은 서로 분리되어 있어 생명의 잉태를 준비하는 시기다. 그래서 절처봉생(絶處逢生)이란 말이 나왔다. 한없이 참고 인내하고 내색하지 않으며 묵묵하게 이겨 내며 때를 기다리다 보니 가슴 한곳에 말 못할 억눌림이 생겨나기도 한다. 그러나, 절지는 극점이라 반등의 기회가 오는데 반드시 하고자 하는 일은 극한의 노력으로 이뤄 낸다.

절지는 금방은 눈에 보이지는 않지만 서서히 이루어지고 있기에 성급하게 서두르지 말고 기다림이 필요하니 뭐든 때가 되어야 이루어지니 인내하라.

❖ 지장간

戊壬庚이 들어 있다. 戊토 편재, 壬수 편인, 庚금 편관이다. 편재가 편인을 재극인하고, 편재가 편관을 재생살하고 편인으로 살인상생하는 구조다. 戊土 편재로 壬水 편인을 재극인한다는 것은 편인의 아이디어나 생각, 지혜를 재성을 통해 물질로 만들어 낸다는 의미이며, 편인 壬水의 번쩍이는 기획력이 水生木하여 좋은 결과를 만들어 낸다는 의미다. 그러나 재생살로 물욕으로 인한 지나친 욕심을 부린다면 편관의 어려움이 한꺼번에 몰아칠 수도 있으니 유의해야 한다. 사주가 신강하면 편관의 카리스마와 책임감으로 임무 수행이나 타인의 귀감이 될 수 있는 행동을 하게 되며 명예를 얻게 된다.

항상 잘될 때에는 안 될 때를 봐서 비축해 두는 것이 좋고 申금 절지는 70%의 상한선에서 분별력을 가지고 판단 내리는 것이 좋다.

남명은 일지 편관으로 자기주장이 강하고 재주도 좋으며 사회적 역할이 강한 분으로 한 번씩 재생살의 무모한 도전이나 투자로 인한 어려움에 직면하게 된다. 여명 역시 책임감이 강하고 지식, 지혜도 겸비한 완고한 분을 배우자로 만나며 본인 역시도 그러한 사람으로 어려운 가운데서도 甲목의 뚝심으로 포기하지 않고 책임감 있는 삶을 묵묵히 살아 나간다. 남녀 모두 불안정한 사업보다는 안정적인 직장이나 직업성을 도모하는 것이 이롭다고 볼 수 있다.

남명에 있어 일지 자리 자식이 庚申의 건록이고 편관에 놓이니 홀로서기하고 독립적인 삶을 살 수 있는 건전하고 뚝심 있는 자식을 볼 수 있으며, 신약하면 사건, 사고나 건강에 신경 써야 할 자식이 생길 수도 있다. 여명에 있어서는 자식 자리가 丙申의 병지에 놓이게 되니 역마의 기운으로 활동성이 좋아 일찍 집을 떠나 사회생활을 하는 자식이 있을 수 있다.

살인상생은 결국 참고 인내했더니 좋은 결과가 찾아오는 것이니 내가 하는 일이 즐겁고 주변과 사회에 도움이 되는 것이라면 더욱 큰 결과로 다가와 줄 것이다.

편인 임수는 水기운으로 냉철하고 현명하고 지혜롭다. 위기 때마다 임기응변의 묘수가 떠오르기도 하며 지식이나 전문성, 자격증을 가지고 길을 열어 나간다면 편관을 잘 수용하고 편관의 명예를 더 높이며 편인으로 인정받고 존중받게 될 것이다.

❖ 12신살
일간 甲목이 亥卯未운동을 하므로 일지 申금은 겁살에 해당한다. 겁살은 고속승진, 고공행진 등을 의미하기도 한다.
하지만, 잘나가다가 갑자기 느닷없이 사건, 사고가 터질 수 있음을 암시하는 부분이 있으니, 평상시 자신이 쌓아 놓은 활인공덕과 언행에 있어 음덕이 있다면 흉은 작게 넘어갈 것이고 길은 더 크게 작용할 것이다.

일지 申금은 현침의 예리하고 날카로운 기운으로 침이나 의술로 남을 치료하는 능력이 있으며 뾰족하고 예리한 것으로 사물을 아름답게 꾸미는 능력과 金克木으로 새롭게 다듬고 창조하는 능력이 뛰어나다.

사주가 뿌리 없이 신약하면 수술 등 여기저기 아플 일이 생길 수도 있고 현침과 편관의 예민하고, 불안하고 초조한 마음이 느닷없이 들기도 하니 마음을 편안하게 가질 수 있도록 평상시에도 명상이나 독서, 수행 시간을 가짐이 좋다. 직업적으로 살인상생은 활인업으로 상대를 위한 직업으로 풀어 나감이 제일 좋다.

❖ 직업 특성
일지 편관이고 현침이고 살인상생의 기운이 강하니 심리 상담, 의료계, 경찰, 군인, 토목, 건설, 운수업, 철도청, 가구점, 간판, 출판, 광고업 등과 관련한 서비스 쪽과도 잘 맞다.

❖ 배우자 인연
• 남명
戊申의 물상이니, 씩씩하고 입담이 좋고 부지런하며 음식 솜씨도 좋고, 자신의 능력이나 실력을 가진 든든한 배우자를 만날 수 있다.

• 여명
庚申의 물상이니 강직하고 의리도 있으며 자신의 의무와 책임을 다하는 성격으로 쇠붙이마냥 쉽게 변하지 않는 기질을 가지며, 겉은 곧으나 내면은 순수하고 청백리한 사람을 인연으로 만날 수 있겠다.

(2) 乙酉(을유)일주(편관·절지)

❖ 성격과 특성

정교하게 잘 다듬어 놓은 바위에 고고한 자태의 난초가 자라는 모습으로, 청초하고 섬세하고 아름답고 고상하기까지 하다. 실제로 乙酉일주는 외모가 준수하고 용모가 단정하며 예의와 격식을 중요하게 생각하고 외부로 보이는 이미지나 남의 이목에 신경을 많이 쓰는 편이다.

천간 乙木은 나뭇가지처럼 유하고 어디로든 뻗어 나가는 부드러움을 가지고 있는 반면, 일지 酉金은 날카롭고 정교하게 다듬어진 가위요, 칼 같은 것이기에 언제라고 필요 없으면 가차 없이 가지치기를 할 수 있는 매서움이 서려 있다. 그러기에 성격에서도 아닌 인연은 냉정히 잘라 내고 두 번 다시 보지 않는 매정함이 깃들어 있다.

사회생활에 있어서도 꼼꼼하고 분석적이며 완벽에 가까운 일처리를 하려는 성향이 강하며, 일지 酉金의 냉철함은 감정을 잘 드러내지 않는 모습을 보이기도 하고 실제 자존심 때문이라도 비굴함을 보이지 않으려고 한다.

일간과 일지가 서로 金克木으로 따로 떨어져 있기에 어디라도 의지처가 없으니 단독으로 홀로서기 해야 함을 나타낸다. 남 보기에 도도하고 고고하게 그 모습을 보여 주려고 하지만, 내심 마음은 불안하고 동요하기 쉬운 양면성을 보여 주고 있다.

일지 酉金은 편관이요, 殺이다. 乙庚합을 하기도 하지만 乙辛충해서 제대로 된 열매를 얻기 위해서는 불필요한 것들을 사전에 차단한다는 의미이기도 하다.

일간이 근이 없이 신약한 乙목은 일지 酉金을 감당하기가 부담스럽고 은근히 눈치 보이고 초조해지고 급해지는 마음이 생긴다. 결국은 일지 酉金은 결과물이고 현실적 성과물이기에 乙木은 때를 기다리며 어려움이나 시련을 견뎌 나가며 자신을 강하게 다져 나가야 한다.

천간에 丁火 식신이 있으면 일지 편관의 해결사가 되어 똑소리 나는 능력자가 되며, 丙화 상관이 있으면 그때그때 상황에 맞춰 융통성 있게 잘 대처해 나간다.

천간에 壬癸수가 있으면 지식과 실력을 갖추어 더디지만 참고 인내하는 지혜가 생겨나고, 戊己土가 있으면 재생살하여 힘듦이 부가 될 수 있는데 이때는 반드시 지지에 근이 있어야 버틴다.

일지 酉金 편관은 극복해야 되는 성분으로 내가 강해야 편관을 누르고 편관의 위엄과 명예 위에 올라탈 수 있는데 반대로, 자신이 약하면 편관의 어려움에 노출되기에 직장이나 외부의 스트레스, 건강상 문제가 생기며, 일지 배우자로부터 스트레스나 경제적 어려움 등 고비가 올 수 있으니 먼저는 근기를 강하게 다지는 것이 필요하다 볼 수 있다. 근이 없이 약하기 때문에 휘둘리는 것이지 근이 강하면 도리어 이러한 편관을 활용해 명예와 지위를 얻게 된다.

乙酉일주는 현실적이고 결과주의며 이성적이고 냉철한 면이 강한 일주이면서, 천간의 乙목의 부드러움과 유연함 그리고 타인을 배려하고 이해하는 능력과 함께 일지 酉금의 단단함이 어우러진 외유내강의 모습이다.

❖ **12운성**

일지 酉금은 절지에 해당된다. 절지는 온전히 끊어진 자리, 단절, 분리된 자리에서 새로운 생명의 태동이 시작된다. 음생양사(陰生陽死) 양생음사(陽生陰死)하는 것이 자연의 순리다. 절지는 악착같은 근성과 바닥을 찍고 올라오는 마음의 근력이 있으므로 乙酉일주 또한 의지가 강하고 냉혹한 근기로 삶을 버티고 성공한다.

❖ 지장간

庚辛이 들어 있다. 庚금은 정관, 辛금은 편관이다. 일간 乙木은 庚金을 만나 乙庚합을 하고자 한다. 이는 열매라는 결과물이요, 안정된 자리를 의미하므로 자신의 실력으로 정관으로서 품격을 갖추고 안정된 삶을 보장받으며 책임감 있고 성실하게 내실을 기하는 모습이다. 辛金은 편관이고 살아가면서 감당해야 하고 거처 가야 할 문제와 숙제가 있음을 말하니, 이를 잘 극복했을 때 乙木으로서는 내실 있고 알찬 결과가 있음을 의미하고 있다.

일지가 편관이므로 배우자와의 관계가 상생이 아닌 金克木하는 사이이므로 소통의 결여나 물질적, 정신적 스트레스를 받을 수 있고 건강적인 면에서도 자신을 먼저 챙겨야 하는데, 여명에 있어 배우자 자리가 편관이니 까칠하고 칼날 같은 기질의 예민한 분을 만날 수 있으며 재생살의 어려움도 함께 올 수 있다. 그러므로, 배움이나 갖춤의 자격을 가지고 당당히 자기 삶을 주도적으로 살아 나가는 것이 중요한데 사주 안에 인성이 있으면 살인상생이 되어 큰 마음으로 이해하고 수용하면서 잘 넘어갈 것이고, 또한 인성적인 실력이나 학식의 갖춤으로 편관을 승화해 나갈 수 있다.

비견겁재가 강하면 편관을 도리어 잘 활용하여 명예를 얻을 수가 있으니 더욱 고고하고 품격 있는 당당한 모습으로 지위를 확보할 수 있으며 경쟁력 있는 인물로 거듭날 수가 있다.

식신상관이 있으면 편관을 마주 대하고 문제 해결을 해 나가는데 식상관은 자식이니 자식 놓고 어려움이 해소되는 경우가 생길 수 있으며 자식이 부모님 사이나 어려움을 해결해 주는 중간 역할을 하게 되기도 한다.

❖ 12신살

일간 乙목은 寅午戌운동을 하므로 일지 酉금은 육해살이 된다. 육해살은 저승사자 모습으로 항상 지켜보며 잘하고 있나 못하고 있나를 판단 내리고 있다. 그러니 배우자를 탓하고 원망하기보다는 자존감을 살려서 당당하게 편관의 직업성을 살려 자신의 길을 가면 무탈하다. 또한 직업에 있어서 육해살은 비서실장의 모습이기도 하기에 참모로써 수장을 받드는 역할에 적합하다.

육해살은 6가지 해(害)가 되는 것들이 살면서 방해인자로 수시로 끼어들어 시시비비를 가리고 관재구설이나 몸을 아프게 하기도 하니 마음을 넓게 관조하는 자세를 가지고 편관의 틀을 허물다 보면 자연히 줄어들게 되어 있다.

❖ 직업 특성

乙목의 창의성 酉금의 철저함과 조직력을 바탕으로 한 디자이너, 예술가, 뷰티 쪽, 작가, 상담사, 교육자, 회계사, 군·검·경 등이 있다.

❖ **배우자 인연**

• 남명

己酉의 물상으로 인상이 좋고 부지런하면서 손재주가 좋은 분으로, 음식 솜씨가 있으며 자식에게 잘하는 배우자를 인연으로 만날 수 있다.

• 여명

庚酉 辛酉의 결단력이 강하고 카리스마가 넘치고 자기 소신이 분명하며, 내면은 순수성을 지닌 대쪽 같은 분을 인연으로 만날 수 있다.

(3) 丙戌(병술)일주(식신·묘지·백호대살)

❖ **성격과 특성**

丙火의 태양은 사라지고 늦가을 戌土 속에 따뜻한 丁火의 온기로 辛금 씨앗을 품고 있는 모습으로, 봄여름의 활동 시기를 접고 조용히 칩거에 들어가는 모습이기도 하다. 그래서 일지 戌土는 보관과 창고, 묘지 역할을 한다. 가을의 결과물이 고스란히 戌土 속에 들어 있으므로 丙戌일주는 돈이 없다고 해도 어딘가 돈을 모으고 돈이 생겨나는 일주다.

겨울 동안 저장해 놓은 것을 써야 하기에 아끼고 모으고 절약하는 정신이 몸에 배어 있고 벌어들인 수입은 항상 미래를 위한 대비책으로 준비하고자 하는 성향이 강하다.

일지 戌토 식신은 식복도 좋고 스스로 부지런하니 전문성인 식신의 기술과 능력을 배양한다면 큰 부자가 될 수 있다. 천간 丙화의 밝게 드러내는 기질로 인해 자신을 드러내고 표현함에 있어 뛰어난 화술의 실력을 가지고 있어 상대를 가르치고 교화하고 설득하는 능력이 뛰어나기에 이것을 직업으로 활용하면 대성할 수가 있다.

戌土 식신은 항상 미리 대비하고 준비하고 상황에 대처하는 마인드를 가지고 있기에 누구의 손에 의지하기보다는 자신의 실력으로 차곡차곡 커리어를 쌓아 나가며 노력한다.

일지 戌토는 천문성이다. 하늘과 통하는 문이 있으니 영감이 잘 발달되어 예지력과 직감력과 순간 판단력이 빨라 영성 공부와 철학, 예술 등 인문학과도 인연이 많다. 천간에 甲乙목이 있으면 배운 것을 戌토 식신으로 잘 써먹을 수 있으며 투자나 부동산 증식으로 자산을 늘려 나갈 수 있다.

❖ 12운성
일지 戌토는 묘지에 해당된다. 묘지는 몸이 다하고 정신만 살아 있는 모습이므로 이미 수많은 경험치가 몸에 배어 있으니 몸을 쓰는 직업보다는 인성과 함께 식신의 전문성을 가진 교육이나 상담,

강의 쪽의 직업을 선택하는 것이 좋다. 또한 묘지는 정신적인 분야의 공부를 하게 됨으로써 종교, 명상, 심리학, 무속신앙 등과도 인연이 있다. 또한 묘지는 무언가를 가두고 모으는 창고 역할을 하게 되는데 일지 지장간의 辛금 재성의 금고가 되기도 한다.

❖ 지장간

辛丁戊가 들어 있다. 辛금은 정재, 丁화는 겁재, 戊토는 식신이다. 겁재가 식신을 생하고 식신은 재성을 生하고 있는 형태다. 일간 병화와 정재가 丙辛합을 하고 있으니, 병술일주는 정재의 재물을 아끼고 소중히 다루며 함부로 낭비하지 않으니, 그만큼 재물을 소중히 다루기 때문에 차곡차곡 모아 부자가 될 수 있음이다.

남명에게 丙辛합을 한 정재가 아내이니 애처가로서 아내에게 잘 대해 주기도 하나 과하면 집착으로도 갈 수 있다.

겁재와 정재의 만남이다 보니 경쟁심리가 강하고 겁재로서의 투기성도 있으며 탈재의 현상도 생긴다. 겁재가 식신 생재하니 경쟁력에서 지지 않고 욕심내어 한 일이 재성을 끌어오는 모습을 보이기도 하고 戊토가 부동산과도 인연하니 돈 되는 땅과 인연하기도 한다.

겁재가 정재를 火克金하니 배우자와의 서로의 이성 문제나 돈 문제가 얽혀서 부부 갈등이나 분리가 생겨날 수 있다. 빠른 영감과 감각, 그리고 식신의 전문성을 키운다면 사회적 안정을 빨리 찾고 재성을 비축해서 편안하고 행복한 삶을 살 수가 있는 일주다. 자식이 묘지에 있으니 운에서 辰戌丑未가 올 때 문제가 올 수 있으며 여명 입장에서 한두 번의 유산이나 수술수가 생길 수 있다.

여명에 있어 자식 자리가 묘지에 있으니 자식의 유산이나 진로 건강 문제로 고민거리가 생겨날 수 있겠다.

❖ 12신살

화개살, 백호대살이다. 일간 丙화는 寅午戌운동을 하므로 일지 戌토는 화개살이 된다. 묘지이면서 화개살이라 정신계와 종교, 마음공부와 인연이 많으며, 중년에 들어 본인이 스스로 그런 쪽을 찾게 되는데 그것을 접하게 되면서 한결 자신의 기질과 마음도 다스려지고 차분해진다.

백호대살은 전문가로서 강한 직업군과 인연이 있고 활인업이 잘 맞으니 업상대체가 되면 사건, 사고의 노출이나 위엄에서 벗어나 도리어 직업으로 이름을 날리고 인정받을 수 있는 일주다.

❖ 직업 특성

교육, 의사, 간호사, 군·검·경, 부동산 관련, 가스 관련, 소방공무원, 요식업, 심리 상담, 종교인 등.

❖ 배우자 인연

• 남명

庚戌의 물상으로 괴강의 기운으로 자격증의 전문성을 가지고 사회적 활동무대를 직업으로 쓰는 커리어우먼을 만날 인연이다.

• 여명

壬戌의 물상으로 백호와 괴강의 총명하고 사업 수완도 뛰어나고 지식과 지혜를 겸비한 분으로, 물질적인 자산 관리가 잘되는 카리스마 있는 분을 만날 수 있다.

> 병술일주는 돈에 대한 집착이 누구보다 강하고 아끼고 모으는 것을 좋아하지만 겁재의 성분이 있어 항시라도 건강에 유의하고 한순간 돈이 나간다든지 아니면 자식의 문제가 생겨 마음 쓸 일이 생길 수 있으니 안으로 쌓아 놓지만 말고 필요할 때 식신의 베풂으로 덕을 쌓는다면 흉이 복길이 되어 돌아올 것이다.

(4) 丁亥(정해)일주(정관·태지·천을귀인)

❖ 성격과 특성

일간 丁火는 빛과 열로서 밤에는 달의 물상이며 일지 亥水는 대양이요, 하늘의 은하수가 되니 밤하늘을 수놓은 별이요, 깜깜한 바다 위를 환하게 비춰 주는 등대의 불빛이기도 하다. 반짝거리는 모습을 쳐다만 봐도 희망과 미래의 가능성이 열리고 주변 사람에게도 위안을 주는 일주다.

일지 亥수는 천을귀인이니 많은 이들로부터 이미 사랑받고 인정받을 수 있는 인자를 가지고 타고났다. 일지 亥수가 정관이니 안정과 번영을 기반으로 행동이 바르고 모범적이기에 사회로부터 일지 배우자로부터 인정받을 수 있는 일주이다. 천간에 甲乙木이 있으면 일지가 관인상생하여 지식과 자격을 가지고 직업적인 안정과 품위를 유지하며 주변 사람들에게도 인정받게 된다.

일시에 관이 있다는 것은 내 관을 개인적으로 활용할 수 있다는 의미이기도 하기에 직장이 아니라도 개인적인 사업을 운영해 나갈 수 있는 능력이 있다는 것이며, 이때는 사주의 근이나 비겁이 있어야 쓰임이 좋다.

丁亥일주는 마음이 순수한 어린 영혼이다. 세상을 통해 하나하나씩 경험하고 닦아 나가야 하는 일주인데, 어릴 때는 겁이 많고 도전의식이 부족하여 뭐든 시작하는 게 쉽지가 않으니 부모의 리더십에 의해 삶이 크게 달라질 수 있는 일주다.

여명은 배우자 복이 좋고, 이쁨받을 수 있는 일주이며, 남명은 가족을 책임지고 가정을 이끌어 가려는 책임감과 소명의식이 강한 일주다. 직장 내에서도 자신의 명예를 위해서 최선을 다하여 인정받게 된다.

❖ 12운성

일지 亥수는 태지로, 태는 배 속에 아기를 막 임신한 모습이기에 아직은 유산의 위험도 있어 불안하고 초조한 마음의 상태를 내포하고 있다.

배 속 아기는 세상 물정을 잘 모르기 때문에 보기에는 순수하고 착한데 사물의 이치에 밝지 못한 어리숙함이 있다. 그저 자신의 자리에서 하고 있는 그 일에만 집중할 수 있는 모습이니 뭘 해도 빨리빨리가 잘 안 된다. 특히나 일지가 정관이니 자신의 틀이 분명하고 고지식한 부분이 강하다.

태는 의지하는 마음이 은근히 있어서 자신을 보호해 줄 사람을 찾고 보호받기를 원하는 입장이라 어디를 가도 함께 동행하기를 원한다.

새로운 직장이나 일이 생기면 당장 달려가기보다는 알아보고 적응하는 단계가 필요하고 조금은 더뎌도 곧 안정을 찾고 익숙하게 된다.

천을귀인이니 어디를 봐도 인상이 좋아 보이고 하는 짓이 이뻐서 누군가가 나서서 챙겨 주고 신경 써 주고 싶은 마음이 들게 만드는 인자이며, 주변에 인덕이 있고 좋은 인연을 만날 수 있는 행운이 있는 인자다. 말과 행동에 있어 더 겸손하고 상냥하고 밝은 마음으로 다가가서 사람들을 대한다면 더 큰 귀인의 덕으로 운명까지도 달라질 수 있는 인자이니 주변에 있는 사람을 귀하게 여겨라. 자신의 그릇, 마음만큼 행운도 담아갈 수 있을 것이다. 여명에 있어 배우자가 천을귀인이니 배우자 복이 있다고 할 것이다.

❖ 지장간

戊壬庚이 들어 있다. 戊토는 상관, 壬수는 정관, 庚금은 정재다. 상관생재, 재생관, 상관견관하는 구성이다.

庚금은 이미 일지 巳화 안에 작은 열매의 결과물이 놓여 있는 것이다. 정재 정관은 꼼꼼하고 아끼는 성분인데 결과물인 정재에 대한 집착이 강하기에 자신의 물건, 자신의 것, 자신의 가족을 소중하게 여기며 돈도 함부로 쓰지 않는다.

남명은 정관의 책임감이 강하고 가정에 모범적이나 정재 정관이라 본인의 테두리를 못 벗어나고 경제관념에 있어서도 아끼고 한정적인 소모를 하니 배우자 입장에선 답답한 면이 있을 수 있다. 일지에 자식을 깔고 있으니 정관이고 천을귀인의 자식복이 있다. 여명 역시 남편복과 자식복이 있으며 경제적인 수입과 더불어 가정과 직업의 안정을 지속할 수 있다.

亥수는 6음이라 음이 꽉 차 양으로 변할 수 있는 기운이기에 잘 살다가도 배우자궁의 분리, 사별, 이별이 올 수 있다.

❖ 12신살

일간 丁火는 巳酉丑운동을 하니, 일지 亥수는 역마살이다. 역마의 이동성이 생기는 직업이나 사주가 신약하면 배우자의 직업이 몇 번은 바뀔 수 있음을 암시하고 멀리 해외에 나가서 떨어져 사는 경우도 생긴다.

❖ 직업 특성

정관을 활용하는 직종과 연관이 깊다. 공무원, 호텔 서비스업, 해외무역업, 해운항만, 숙박업 등.

❖ 배우자 인연

• 남명

辛亥의 물상이니 인물이 좋고 상냥하며 재성을 만드는 재주가 좋으며, 사교성이 좋아 사람을 잘 다루는 직업에 어울리는 분을 인연으로 만날 수 있다.

• 여명

壬亥·癸亥의 생활력이 강하고 활동성이 좋으며 경쟁에서도 절대 뒤지지 않는, 지혜로우면서 자존심이 강한 사람을 인연으로 만날 수 있겠다.

(5) 戊子(무자)일주(정재·태지)

❖ 성격과 특성

戊子일주는 심산유곡(深山幽谷)의 청정한 물이요, 잔잔한 호수다. 戊토는 댐 역할을 하니, 천간 壬癸수, 지지 亥子수를 통제하고 잘 다루는 능력자다. 일간 戊토가 일지 子수를 土克水하니 일지 子수를 통제하기도 하고 일정량을 유지하면서 안정을 지속하는 모습이며 子수 씨앗이 얼지 않게 戊癸합으로 온도 조절을 해 주는 역할을 한다.

일지 子水는 정재다. 내가 일구어 놓은 몫이요, 알찬 씨종자의 결과물이니 자신의 것에 대한 애착이 누구보다 강하며 과정보다는 결과를 더 중시하는 현실론자다.

꼼꼼하고 알뜰하여 돈을 함부로 잘 쓰지 않는 신중하고도 합리적인 면이 있어서 주변에서 인색하다는 평판을 들을 수 있다. 그 정도로 손해 볼 짓은 애당초 안 한다는 얘기다. 그러나 지장간에 편재가 있어 재생살 되어 한순간 재물이 크게 나가는 경우가 생기기도 한다.

戊토는 고지식하고 중용을 고수하므로 보수적 성격을 띠는 편이다.

일지 子수는 씨앗이며 남명에게는 씨앗이 되는 자식이라고도 볼 수 있으니 은근히 戊癸합으로 애정사에 휩쓸리기도 한다. 지장간의 癸수와 합을 하다 보니 자신의 것에 대한 소유와 집착을 보이기도 한다.

천간에 木火의 기운이 있어야 일지 子水가 커 나갈 수 있는 기회가 열리고 사회적으로 재관의 모습으로 자리매김할 수가 있다.

戊癸합은 백두노랑(白頭老郞)이라 하여 나이 많은 노인과 어린 소녀가 합을 한다 하여 무정지합이란 뜻을 가지고 있는데 남녀의 만남이 정 없이 목적을 둔 만남이 이루어질 수 있다.

❖ 12운성
일지 子수는 태지에 해당된다. 태지는 무언가를 항상 만들어 내는 창조적 능력이 내재되어 있다. 그러니 재물을 굴리는 능력이 있으며 지장간 편재의 횡재수도 들어 있다.

태지는 미성숙된 심리 상태요, 불안함을 내포하고 있기에 무엇이든 안정적인 기반을 먼저 마련하고자 하는 마음을 내재하고 있다.

❖ 지장간
壬癸가 들어 있다. 壬수 편재요, 癸수 정재다. 정재의 안정된 자리와 편재의 사업성이 같이 들어 있으며 언제라도 결과를 만들어 내는 능력이 좋다. 항상 안정을 원하기에 재물이 없으면 불안하기에 아끼고 모으려고 한다.

戊癸합의 암합이 있어 남명에 있어서 집착을 넘어 의처증까지 들게 만드는 기운이다. 그리고 정편재 혼잡이기 때문에 월급 생활을 하더라도 다른 일을 병행하고 싶어 하고 일지 배우자 이외의 다른 여자를 가까이할 수 있는 기회가 되기도 한다. 뿌리 없는 戊토는 재물을 다루기보다 내보내는 재물이 더 많을 수 있다.

또한 戊子는 말 그대로 無子가 될 수 있고 재생살이면 자식과의 인연이 더욱 약해질 수 있다. 지지에 辰戌丑未의 근이 있거나 인성의 조력이 있으면 재성을 잘 다룰 수가 있겠다.

여명에 자식은 12운성으로 庚子에 해당하므로 자식이 死지에 놓여 있고 子수는 차가운 水기운이니 유산이나 조산에 주의가 필요하고 늦게 자식을 볼 수 있음을 의미하기도 한다.

❖ **12신살**
戊토는 寅午戌운동을 하니 일지 子수는 재살, 수옥살이 된다. 재성을 아끼고 절약하여 잘 내보내지 않는다는 의미가 담겨 있고 꾸준히 한 우물을 파듯 자기 자리에서 쳇바퀴 도는 삶을 살아 나가기도 한다.

土克水하여 스스로가 자신을 옥죄고 사는 모습도 되니 子수는 새로운 생명체로서 水生木하여 木의 생기를 얻어 창조적 발상으로 새롭게 거듭 나아감이 중요하다. 배우자 자리가 답답하고 무료할 수 있으니 편재의 신선함으로 여행이나 생기를 부여하면 좋다.

❖ **직업 특성**

정재의 안정을 추구하는 직업과 관련이 있다. 토건업, 매장 관리, 편의점 운영, 부동산 관련업, 은행, 펀드 등.

❖ **배우자 인연**

• 남명

壬子 癸子의 물상으로 성정이 강한 분으로 지혜롭고 정재를 깔고 있어 물질적인 능력이나 사회적인 능력도 좋으며 건강미가 넘치는 매력적이고 활동적이신 분을 인연으로 만날 수 있다.

• 여명

甲子의 물상으로 단정하고 학문성이 있어 배운 지식을 가지고 사회적으로 잘 활용하는 차분하고 예의가 바르며 점잖은 분을 만날 수 있다.

(6) 己丑(기축)일주(비견·묘지)

❖ 성격과 특성

새 생명이 자라고 있는 겨울 땅이다. 일지 丑은 혹한의 추위와 역경, 인내를 통해 새 생명을 품고 조용히 태어날 때를 기다리며 자기 자리를 지키고 있는 모습이다. 丑土는 조상, 부모로부터 물려받은 인자가 들어 있기에 부모 조상과 연관되어 부동산을 물려받기도 하고 안 좋은 조상의 인습을 물려받기도 한다. 인습을 과보라고도 하는데 이것은 반드시 살아가면서 정화해 나가야 할 부분이다.

또한, 새로운 辛금이라는 씨앗을 준비하고 재건할 기회를 엿보는 땅이다. 己丑일주는 그날을 위해 조용히 자기의 삶을 묵묵히 성실하게 일구어 가는 일주다.

천간에 庚辛금이 있으면 일지 丑의 근성과 함께 식상의 실력과 부지런함을 활용하여 미래 대비를 착실히 준비해 나갈 것이다.

일지 丑土는 비견이며, 천간지지가 한 몸으로 간여지동(干與支同)이다. 단단하고 변함이 없고 고집스럽고 억척스러운 성격으로 남이 뭐라고 해도 제 길을 소처럼 묵묵히 걸어 나감에 있어 대기만성형이라고 볼 수 있다.

본래 丑의 의미는 옛것, 오래되고 묵은 것, 버리고 청산해야 될 것, 내가 붙들고 있는 것, 변화·발전을 못하고 휴식하고 있는 땅이기도 하다.

겨울을 지나 봄에 땅속 생명을 틔우는 역할이기에 사주에 木이 있으면 희망이 생기고 기회가 생겨 자신을 변화·발전시킬 수 있는 의식 전환이 되고, 火가 있으면 그러한 주변 환경이 조성되는 것이다. 천간에 丙화 하나만 있어도 얼어 있는 땅을 녹여 주니 활기차게 활동할 수 있는 배경이 되어 사회생활을 잘할 수 있다.

❖ 12운성

일지 丑은 묘지에 해당된다. 일지丑은 종교와 활인업과도 인연이 많음을 의미한다. 기감이 좋아 보이지 않는 것을 보는 능력과 직감, 예지력이 특히 발달되어 있다. 재성이 묘지이므로 아버지와 일찍 인연이 끊어지거나 떨어져 있을 수 있고, 반대로 아버지나 조상으로부터 물려받은 부동산이 있을 수 있으며, 안 쓰고 아끼고 모으자 주의로 돈을 비축하고 부동산에 투자하기도 하니 건물주가 많다.

일지가 묘지이니, 배우자 자리가 묘지가 된다. 丑이 얼어 있는 차가운 땅으로 배우자와 일찍 이혼, 사별한다든지 혈액 등 건강상 문제가 생길 수 있음을 의미하기도 한다.

몸 쓰는 일보다 정신적 구도자의 길이나 자격증이나 아이디어를 활용한 창조적인 일을 하는 것이 좋다.

❖ 지장간

癸辛己가 들어 있다. 癸수는 편재, 辛금은 식신, 己토는 비견이다. 비견이 식신을 생하고 식신이 편재를 생하는 구조다. 부지런하고 성실하므로 힘써 일해 재물을 축적하는 모습이다. 일지 丑토는 해 자축 水의 묘지로 재물을 저장하는 창고이기에 숨은 부자가 은근히 많다.

편재 癸수가 축토 위에 백호로 놓이게 되니 백호는 기운이 압축된 것을 말하므로, 큰돈을 만지게 되는 기회가 생긴다.

남녀 모두 아버지가 백호의 기상이니 직업적으로 군·검·경이나 활인의 강한 직업성이 아니라면 수술이나 질병의 건강상 문제가 올 수 있는 기운이 실려 있다.

여명에 있어 남편 자리가 묘지요, 乙丑의 물상이니 편관 乙木이 책임감이 있으며 현실적이고 실리적으로 재물을 모아 가는 모습이며 자식과의 관계에서는 천간 辛금이 일지 양의 모습을 하고 있기에 일찍 유학이나 외지로 떠나보내는 이유로 해서 자식과 떨어져 있게 되는 경우가 생기니 자식과의 정에 너무 집착하지 않는 것이 좋다.

남녀 모두 간여지동(干與支同)의 모습으로 일지 자리에 비견이 있으니 자기 고집과 주장이 강할 수 있고, 잘 변하지 않는 성격으로 인해 다툼이 생겨날 수 있으니 의지하는 마음을 버리고 각자 직업을 통해서 서로 인정하고 존중하는 태도로 살아 나가면 마음이 편할 것이다.

❖ 12신살

己토가 巳酉丑운동을 하니 일지 丑은 토는 화개살이 된다. 丑은 화개지로 세상의 화려함을 덮어 버렸으니 남 앞에 드러내는 일보다 심리 상담, 사회복지, 명상, 수양, 활인과 관련하여 상대를 이롭게 할 수 있는 음덕을 많이 쌓는 것이 곧 자신을 살리는 길이 될 것이다.

❖ 직업 특성

부동산, 은행, 의약, 연구직, 농업, 금속·기계, 종교 관련 계통 등.

❖ 배우자 인연

• 남명

癸丑의 물상으로 전문직 종사자와 인연하면 좋고, 본인의 집념이 강하고 책임감이 강한 분을 만날 수 있다.

• 여명

乙丑의 물상으로 생활력이 강하고 현실적인 삶과 물질적 안정을 추구하며 자신의 가정을 잘 챙기는 분을 만날 수 있다.

(7) 庚寅(경인)일주(편재·절지)

❖ 성격과 특성

바위에 올라앉은 백호의 물상이다. 일지 편재를 깔고 있어 시야가 넓고 활동무대가 넓다. 일간 庚금이 어린 寅목을 金克木해서 단단하고 강하게 키워 나가는 모습이다.

寅목은 뭐든 생기 있게 시작하는 기운으로 첫 시작은 적극적이고 열의를 가지고 달려 나가나 일간 庚금에 눌려서 뒷심이 부족할 수 있으니 사주에 火土가 있어야 지속적으로 성장과 발전을 할 수가 있다. 밖으로 활동적이고 능동적인 삶을 추구하고 야망도 크게 가지고 있으나 편재가 절지에 놓여서 활동에 비해 수입보다 지출이 많아지게 되며 이상하게 나갈 일이 많이 생긴다. 그러니, 현찰을 가지게 되면 지출할 일이 생기게 되니 문서적으로 저축이나 부동산에 묻어 두는 게 좋다. 일간 庚금의 근이 있고, 재생관하면 편재의 재성을 안전하게 잘 관리하게 되며 리스크를 줄여 나간다.

庚寅일주는 상황에 대한 처세력이 좋아 주변 배경과 환경에 빨리 적응해서 제 것으로 만드는 능력이 좋다. 편재는 공간 인지 능력과 지배 능력을 말함이니, 인성이 있으면 눈치가 빠르고 계산력도 빠르기에 사회생활도 아주 잘하면서 재극인의 물질적 이득도 챙겨 나갈 수가 있게 된다. 재물에 대한 욕심도 남다르고 사업 수완도 좋지만 절지에 놓인 형국이라 한 번씩 큰 어려움에 직면하게 되니 사업을 하더라도 처세에 있어서 치고 빠지는 대처 능력이 있어야 손해 보지 않는 삶을 살 수 있다. 천간지지에 土가 있으면 재극인하여 부동산 투자나 금융, 재물적인 감각으로 부를 축적할 수 있다.

❖ 12운성

일지 寅목은 절지에 해당된다. 절지의 기운은 아기가 잉태되기도 전에 준비하는 시기요, 뭐든 시작하는 기운이라 당장 결실을 얻기에는 무리가 있다. 직장은 편재의 욕심과 지장관 편관의 중압감 때문에 만족하지 못하고 장사나 사업 쪽에 눈을 돌리게 되는데 사업을 하게 되면 짧고 굵게 가는 것이 좋겠다.

殺이 있어 잘돼 가다가도 한순간 어려움에 직면할 수 있으니 일간의 근이 있어야 하고 인성이 있으면 현명하게 잘 넘어간다.

❖ 지장간

戊丙甲이 들어 있다. 戊토 편인, 丙화 편관, 甲목 편재다. 편재가 편관을 재생살하고, 편관이 편인을 살인상생하고 있는 모습이다. 한마디로 흉신들의 조합이다. 치열한 공방전이 예상되는 모습으로 삶은 본래 누구나가 다 전쟁터다.

편재가 편관을 재생살한다는 것은 생각 없이 일을 크게 벌인다든가 아니면 다른 데로 이전이나 확장을 한다든가 했을 때 사주 내 근이 없으면 그것을 다룰 수 있는 힘이 약해져 위기가 온다는 얘기다. 殺이란 내가 감당하기 힘든 기운이며 밀어붙이는 무대포의 도전의식이기도 하다. 물론 편인으로 살인상생은 한다지만 편인의 삶은 몸과 마음이 상황이나 현실을 어쩔 수 없이 받아들여야 하는 삶의 모습이다. 직장이고 사업이고 무엇보다 자신이 즐거워야 되고, 몸도 쉬어 가면서 해야 삶에 여유도 있는 것이지 억지로는 오래가지 못하는 이치다.

편재가 절지에 있으니 남명에 있어서 일지가 역마의 기운이고 배우자가 甲寅의 모습이니 내가 강하지 않으면 나보다 고집스럽고 강한 분을 만날 수가 있게 되며 활동적이며 일을 잘 벌이는 분을 만날수 있다.

여명에 있어서는 남편의 사랑을 받기가 쉽지 않다. 재생살의 기운이니 신약하면 바쁘게 사느라 삶에 치여 사랑받을 시간이 없다고 봐야 할 것이다. 남녀 모두 배우자가 벌여 놓은 일을 처리해야 할 문제에 놓이기도 한다. 한편 발이 넓고 함께 일을 도모한다면 빠르게 집안이 일어날 수가 있게 된다.

❖ 12신살
일간 庚금이 巳酉丑운동을 하니 겁살이다. 사주의 내 힘이 강하지 않으면 재물의 손실이나 구설수, 불화를 야기할 수 있는 기운이다.

일주가 金克木하니 힘을 기르고 어떤 일을 진행할 때도 너무 급하게 진행하지 말고 최소 삼 일은 고민하고 진행하길 바란다. 인오술생이 이에 해당이 되겠다.

❖ 직업 특성

庚금의 숙살지기와 寅목 역마의 편재를 활용하는 직업과 관련해서 군·검·경, 의학, 의료계, 사법, 운수업, 영업, 기획, 디자인, 설계, 건축, 경영, 은행 쪽과 인연한다.

❖ 배우자 인연

• 남명

甲寅의 물상이니 단단하고 고집 있고 누가 뭐래도 자기 길을 가는 강한 커리어우먼을 만날 수 있겠다.

• 여명

丙寅의 물상이니 지적 재능을 가지고 직업을 활용하며, 행동이나 하는 짓이 은근히 귀여우며 주변 사람들에게 인기가 있는, 밝은 분을 만날 수 있다.

(8) 辛卯(신묘)일주(편재·절지)

❖ 성격과 특성

일간 辛금이 일지 卯목을 金克木하는 물상으로 예리한 가위로 여기저기 뻗어 나오는 묘목의 잔가지들을 단정하게 잘라 주고 있는 모습으로 입맛에 맞게 아름답고 조화로운 정원을 만들어 나가는 모습이다.

일간 辛금은 완성품이다. 품위 있고 도도하며 더 이상 흠 잡을 데가 없는 결과물이기에 잘나고 싶고 자신의 잘난 모습을 뽐내고 싶은 마음이 당연히 생겨난다. 일지 묘목 역시 갓 피어오르는 꽃봉오리요, 꽃나무니 생기 있고 아름답기 그지없다.

일지 卯라는 물상은 두 손을 모은 모습이기도 하기에 타고나기를 손재주가 좋아 장식하고 꾸미고 디자인하는 것을 재단하듯이 깔끔하게 잘하고, 섬세하고 감각적이며 예민하다. 자기만의 영역 안에서 최고가 되고 싶은 자존감이 강한 인자라 뭐든 확실하고 분명하게 일처리를 한다. 辛卯일주는 한마디로 똑소리 나는 일주라고 보면 되겠다.

일지 卯는 편재다. 계산이 빠르고 사업적 수완도 좋아서 어떤 일을 해도 그것을 제 것으로 잘 활용하여 장착하는 능력 또한 빠르고 정확하다. 어디 가도 못한다는 소리는 절대 안 듣는 일주다. 또한 말

그대로 신묘한 능력이 있어 예리하고 섬세하며 보지 못하는 것을 보는 능력을 가지고 있으며 감각적으로 타고났다.

　사주 안에 土의 인성이 있으면 재극인하여 재주나 지식, 자격증을 활용해 지적인 능력으로 남들보다 빠르게 사회에 자리매김해서 성공적인 삶을 살아 나갈 수가 있고, 인간관계에 있어서도 상대를 한 방에 알아보는 눈치 또한 빠르다.

　일지 卯목 편재는 여기저기 자신의 주변관계나 자리를 가지가 뻗어 나가듯 펼치고 넓히고자 하는 인자라 사교성도 있고 통찰력도 좋다. 언제라도 물건의 쓰임이나 용도를 자신에게 잘 맞게 배치하고 그 가치와 활용성을 제대로, 편하게 쓰고자 한다.

❖ 12운성
　일지 卯목은 절지로, 절지의 특성상 마음이 여린 것이 있어 정에 약할 수 있고 그로 인해 마음의 상처나 물질적 손해를 입을 수 있으므로 일지 편재의 재생살을 조심해야 하겠다. 여자인 경우 정에 끌려 결혼하지 말고 분별력이 있어야 하겠고, 남자인 경우 너무 이쁘고 외모적인 것만 중시하지 말고 내면을 보는 마음의 눈이 열려야 할 것이다.

　묘가 절지에 앉아 있으므로 절(絶)이란 끊어진 자리를 의미하므로 배우자 자리에 있어 인연의 약함과 물질의 어려움이 생길 수 있으니 아닌 인연은 정에 매이지 않고 끊을 것은 확실하게 끊어낸다면 새로운 인연자를 다시 만날 수가 있겠다.

❖ 지장간

甲乙이 들어 있다. 정재와 편재의 조합이다. 재성은 내 몫이요, 내가 아끼는 것이다. 그러니 재성에 대한 집착이 누구보다 크고, 돈을 많이 벌고 싶어 하고, 돈을 함부로 낭비하지 않는다. 자신의 것을 귀하게 생각하기에 부자가 될 수 있고 안으로 모을 수 있는 것이다. 대신 金克木이다. 아직 일지 묘목이 금으로 가기에는 시간차가 있으며, 사주가 신강하지 않으며, 벌면서도 나가는 지출이 더 많아질 수 있기에 적당한 분배와 운의 흐름을 타서 현찰보다는 주식, 부동산에 투자하는 것이 훨씬 이롭다 하겠다.

남명에 있어 도화의 편재가 있으니 능력 있고 이쁜 배우자를 만날 수 있는데, 지장간에 정편재가 다 있으니 여성 편력이 생길 수가 있다. 여명에 있어서는 재능과 끼가 다분히 있는 분을 배우자로 만날 수 있겠다.

남녀 모두 현실적이고 金克木하니 많이 가리고 계산적일 수 있는데 배려와 관용, 베풀고 받아들이는 마음의 여유를 키운다면 일지 편재이니 성공하고 부자가 될 수가 있다.

❖ 12신살

辛금은 申子辰운동을 하니 일지 자리 卯목은 육해살이다. 배우자가 저승사자가 된다. 배우자를 저승사자처럼 잘 받들고 존중하라는 의미이기도 하며, 당연히 서로가 다른 환경과 처지 속에서의 만남이니 맞추고 이해하며 살아감이 맞는 것이다. 자신의 틀에 끼워 맞추다 보면 언쟁이 생기고 부부 갈등을 초래할 수 있으니 항상 그 세계를 인정하고 존중해 주는 것이 순리인 것 같다.

❖ 직업 특성

날카롭고 예리한 도구로 木을 자르고 다듬는 물상이니 디자인, 미용, 조각, 인테리어, 음식 등 다양하게 손기술을 응용하는 곳에 감각적으로 잘 맞다.

❖ 배우자 인연

• 남명

乙卯의 물상이라 부드러우면서 독립적이고 생활력이 강하며, 자신의 삶을 주도적으로 살아 나가는 밝고 긍정적인 사람을 인연으로 만난다.

• 여명

丁卯의 물상이며, 섬세하고 여성스러우며 다정하고 지적인 감각을 가지고 있으신 분을 만날 수 있다.

(9) 壬辰(임진)일주(편관·묘지·괴강)

❖ 성격과 특성

물(壬) 만난 용(辰)이 때를 기다리며 호수에 갇혀 편관의 수양을 하고 있는 물상이다. 辰토가 壬수를 土克水하고 있다. 壬수의 기세가 강하지 않으면 흙탕물이 될 수 있으니 맑은 물과 유량이 많아지려면 壬수의 근이 있어야 한다. 金이 있어 壬수를 生해야 강하게 물길을 열어 갈 수 있다.

일지 辰토는 壬수의 묘지요, 고지로 水의 조절 역할을 하는데 감정에 있어서 土는 수위 조절을 하며 감정을 참고 컨트롤하는 역할을 하는데 화가 나서 흥분하다가도 辰토의 묘지가 있어 화를 가라앉히고 감정을 절제하고 조절하는 모습이기도 하다. 辰토의 지장간乙木의 오르고 펼치는 기세로 인한 다혈질과 추진력으로 창조적인일을 만들어 나가는 역할을 하게 된다.

壬辰일주는 괴강이다. 우두머리 역할을 하고 싶어 하며 편관의 야망과 포부가 큰 일주다. 신강하면 중책을 맡아 책임을 지고 아랫사람을 다스리는 역할을 할 것이고, 신약하면 다스림을 받는 자리에있게 된다. 편관은 아직 정해진 길이 없는 곳에서 새로운 길을 찾아나서는 선구자로서의 역할이 있으니 없는 길도 만들어 나가는 억척스러움이 있다. 물론, 그것이 자신에게는 스트레스요, 일의 중압감,

위압감으로 오기도 한다. 몸이 과로하는 전쟁터 같은 현장에 놓이기 되니 삶을 치열하게 살아가는 명이기도 하다.

남명에 있어 일지 편관은 말수가 적고 쓸데없는 소리를 안 하는 분으로, 배우자가 보기에 답답함을 느낄 수가 있으며 분명 스트레스를 안고 살아갈 수 있으니, 식상관으로 표현하며 자신을 드러내는 부분이 필요해 보인다.

여명에 있어 일지 편관은 남편의 스트레스, 답답함, 살면서 내적으로 시련이나 견딤이 필요한 부분이 있으니 사회생활을 통해 직위나 자신감, 자존감으로 자신을 어필하고 서로의 관계를 살인상생, 식신제살, 상관대살로 풀어 나감이 필요하다.

남녀 모두 과묵해 보이지만, 다혈질에다 고지식하고 까다로우며 따지기 좋아한다. 어려움을 지혜롭게 해결할 수 있는 능력이 있으며, 머리가 좋고 비밀이 많으며 은근 잘 삐진다. 辰巳 지망을 안고 있으니 활인하는 마음으로 타인을 위해 베풀어야 성공의 기회가 크게 오는 일주다.

❖ 12운성

壬수는 申子辰운동을 하므로 일지 辰토는 묘지에 해당된다. 壬수의 지식과 수많은 데이터를 수렴하고 있어 아는 것이 많고 총명하나 함부로 나서지 않는 모습이며 일지 관성이 묘지에 있으니 조용히 자리를 지키며 책임을 다하는 모습이며 묘지의 경험이 많고 노련미가 있어 위기의 상황에 대처하는 처세력이 좋다. 그러므로 직장에서도 참모 역할, 보좌관 역할이 잘 어울린다.

남명에 있어 자식이 묘지에 있으니 자식의 건강이나 고민거리가 생길 수도 있으니 현명한 처신이 필요하겠다. 여명에 있어 남편이 묘지에 있으니 잘 살다가도 남편의 건강이나 하는 일의 막힘으로 인해 자신이 가정을 꾸려 나가야 하는 역할을 하게 되기도 하고 혹은 과로해서 건강에 적신호가 올 수도 있으니 몸을 챙기며 살아야 한다.

괴강이란 나를 강하게 키우는 기운이니 스스로가 인정하고 프로가 되어야 한다. 묘지는 종교와 묵상, 명상과 인연이 많으니 나 자신을 잘 다스리고 마음 수양이 필요하며 그렇게 했을 때 사업도, 자신의 일도 잘될 수가 있겠다.

❖ 지장간

乙癸戊가 들어 있다. 상관 겁재 편관이다. 겁재와 상관은 노련하고 위기를 기회로 만드는 전략가다. 순간 번득이는 재치와 수단, 임기응변으로 어려움을 지혜롭게 잘 넘어가며, 입담이 좋고, 어려움을 어려움으로 해석하지 않고 겁재의 경쟁력으로 승부수를 던진다.

편관이 어디로 튈지 모르는 겁재를 잘 다스리니 흉신들의 조합이지만 조화가 아름답다.

상관 겁재는 투자성도 크니 들어오는 사업성이나 재물의 단위가 클 수 있지만 단번에 나가는 경우도 클 수 있으니 순간의 감정이나 상황으로 판단하지 말고 며칠이고 생각하고 결정을 내리는 것이 좋다. 겁재는 탈재 현상이니 주변 사람의 단속을 잘할 필요가 있다.

지장간의 상관과 겁재의 기운으로 생각 없이 툭툭 내뱉는 말투로 시비수가 생길 수 있으니 말로 사람의 병을 치유하기도 하고 화근을 만들기도 하니 남을 이롭게 기분 좋게 하는 언행을 함으로써 복을 쌓는 것이 좋겠다.

❖ 12신살

壬수가 申子辰운동을 하니 일지 辰토는 화개살이다. 활인지명이니 자신이 좋아서 하는 일이 남을 이롭게 하는 것이 되면 더더욱 좋을 것이고, 항상 남들도 나라고 생각하는 마음으로 겸손하고 다가간다면 도리어 명예가 따르고 인정받게 되는 것이다.

❖ 직업 특성

괴강, 편관의 쓰임과 관련 있는 직업을 가질 수 있다. 군·검·경, 교도관, 공무원, 의학 계통, 인문보다 이과에 맞아 자격증을 활용한 프로그래머 등에 적합하다.

❖ 배우자 인연
• 남명

丙辰의 관대물상이니 공무원 등 직업군이 확실하고 베푸는 것을 좋아해 바라는 것 없이 상대에게 잘해 주는, 밝고 긍정적이고 말솜씨도 좋은 실력 있는 분을 인연으로 만날 수 있다.

• 여명

戊辰의 관대물상으로 직업군이 확실하며 욕심이 많고 무뚝뚝하며 어느 정도 다혈질의 젊은 혈기가 서린, 삶의 적극성이 강하나 인성적으로 경험치가 필요한 분을 인연으로 만날 수 있겠다.

(10) 癸巳(계사)일주(정재·태지·천을귀인)

❖ 성격과 특성
초여름 더위와 건조함을 없애 주는 단비다. 일간 癸수가 일지 巳화를 水克火하면서 지장간 戊토와 戊癸합을 한다. 이는 일간 癸수가 정관 戊토를 통해 사회적인 火의 활동성과 확장성을 통해 재성의 결과물을 만들고자 하는 의미하기도 하다.

일간 癸수는 자유로이 사방으로 흩어지는 기운으로 어디에 매이는 것을 싫어하고 감성적이고 누구와도 잘 어울리며 머리가 좋고 수완이 좋아 일처리를 부드럽고 능숙하게 잘해 낸다.

일지 巳화는 정재다. 항상 규칙적이고 안정을 향해 달려 나가는 일주로 자신의 것에 대한 집착과 소유욕이 강하고 정재의 안정정인 삶을 위해 부지런히 살아가는 인자이니 실속적이며 내실을 기하는 현실적인 인자다.

일지 정재와 巳火의 기운이니 예의도 바르고 꼼꼼하고 사리에 밝으며 인상이 좋고 결과 지향적이며 재물욕과 명예욕이 강하며 책임감 또한 강한 인자이나 水剋火에 의해 다소 소극적 성향을 띠기도 한다.

일지 巳화는 천을귀인으로 하늘에서 이쁨을 받는 일귀격 일주다. 재물에 귀인이 들었으니 힘들다 해도 먹고사는 것에 지장이 없는 일주다. 아주 힘든 경우가 생겨도 어디에선가 돈이 생기고 살길이 열리는 경우가 종종 생겨난다.

일지 寅申巳亥의 활달한 역마성을 가지고 있고 자리에 대한 욕심도 크지만, 전면에 나서는 것보다 참모형이나 보좌관 역할이 더 잘 어울리는 일주다. 巳화는 6양으로 양기의 극점에 이르렀다. 6양을 끝으로 午화에서 1음 시생하니 곧 바뀔 변화수를 의미한다.

여명에 있어 일지에 寅申巳亥가 있다는 것은 자신도 역마로 인해 바쁘게 살아가지만 중년에 배우자 자리가 바뀔 수 있음을 암시하기도 한다.

사주에 木이 있으면 水生木 木生火하니 긍정적, 적극적인 활동력으로 성장을 꾀하고 결과를 도출해 낸다. 사주에 土가 있으면 권력형이며 욕심이 많고 자존감이 강하며 자신의 것을 고수하고 틀을 벗어나지 않으려는 주체성이 강하다.

❖ 12운성

일지 巳화는 태지에 해당된다. 태는 새로운 일을 모색하고 진행하며 창조적인 일을 만들어 내는 인자다. 아직은 불안하고 동요되기 쉬운 심리 상태를 내포하고 있으나 늘 밝음을 추구하고 긍정적인 삶을 지향하는 모습이다. 일지에 재성만 있어 인성의 부재가 생길 수 있는데 지장간의 인성의 자격증이나 정보와 지식, 문서적인 면을 끌어내어 키워 나간다면 안정된 직업성과 경제력을 가질 수가 있겠다.

❖ 지장간

戊庚丙이 들어 있다. 戊토 정관, 庚금 정인, 丙화 정재다. 재생관

관인상생의 모습으로, 돌다리도 두드려 가면서 가는 유형이다. 차근차근 밟아서 자리를 찾아가는 모습으로 대기만성형이며 주변에서도 인정받고 명예를 얻을 수 있는 모습이다. 안정적이고 뭐든 순차적으로 가는 모습이기에 시일이 걸릴 수 있고 고지식함도 묻어나온다. 아끼고 모으자는 주의니 자신의 것은 충분히 가지게 되는 모습이다.

남명은 정재의 아내를 얻어 안정된 가정생활을 영위할 수 있으며, 여명은 정관의 남편을 얻어 안정적이고 원리·원칙적이고 고정관념 등이 강한 분을 만날 수 있겠다.

巳화는 6양으로 양의 끝점에 이르렀기에 일지 배우자 자리에 있어 변화수가 따라오니 중년 이후로 분리나 이별수가 생길 수가 있으며 신약하면 직업성도 변화가 잦다. 癸巳일주는 한들한들 불어오는 초여름 바람이 되니 항상 머무르지 말고 변화, 발전하는 기상으로 살아 나가야 할 것으로 보인다.

❖ 12신살
癸수는 亥卯未운동을 하므로 일지 巳화는 역마살로, 움직여야 운이 動하니 뭐든 도전하고 행동하는 것이 운을 열어 나가는 지름길이 되니 자신을 알리는 데 힘쓰라.

❖ 직업 특성

일지 巳화의 밝고 화려한 정재적 마인드와 관련 있는 엔터와 예술 관련업, 공무원, 행정가, 외교관, 회계, 재무, 은행, 서비스업, 유아교육 등.

❖ 배우자 인연

• 남명

丁巳의 물상이니 대체로 주장이 강하고 열정적이며 강한 여성분을 만날 확률이 높으니 여자를 감당할 수 있는 능력을 만들어 나가야 할 것이다.

• 여명

己巳의 물상이니 배움과 인성의 자격증을 가지고 있으며, 예의 바르고 고지식함을 가지고 있는 분을 만날 수 있겠다.

4) 갑오일주(공망-진사)

(1) 甲午(갑오)일주(상관·현침·사지·홍염)

❖ 성격과 특성

천간 甲木은 어린 새싹으로 寅卯辰에서 이미 다 자라나 일지 午火에서 성장이 멈춘 모습이다. 甲木의 뒤를 이어 천간 乙木이 午화 자리에서 생(生)지로 놓이게 되니 甲목은 午화에서 死木으로 몸은 다 쓰고 정신만 살아 있는 모습으로, 마치 甲목의 생각과 사상, 정신이 무르익고 성숙한 단계에 이르렀음을 보여 준다. 이것은 몸을 쓰는 육체적 행위보다는 정신적인 지식이나 지혜를 활용한 자격이나 기술을 가지고 예체능이나 서비스, 상담, 교육 쪽으로 사람을 상대하는 일에 더욱 적합하다고 볼 수가 있다.

일지 午상관은 조용한 가운데 열정이 넘치고 눈치가 빠르며 다재다능함과 수단 및 응용력이 탁월하다. 일지 상관은 인성의 패인이 중요한데 사주 안에 정인이 있으면 지식과 정보와 국가자격증을 가지고 일지 상관을 잘 활용하게 되는데 특히, 언어 구사 능력이 탁월

하여 인기 강사나 상담, 교육 쪽과 인연이 많다

子午卯酉는 고유한 나만의 특성을 뚜렷하게 가지고 태어나기에 누구에게 쉽게 휘둘리거나 따라가기를 거부한다. 午火의 상관 역시 자신을 드러내고 뽐내고 싶은 마음, 은근히 우월함, 화려함을 드러내고 싶어 하는 마음을 가지고 있다. 홍염의 붉은 얼굴빛이 더욱 돋보여 요염하게 매력을 발산하게 된다. 午상관은 눈치, 상황 판단이 빠르기 때문에 누구보다 사회생활을 잘할 수 있고 소통에도 막힘이 없게 된다. 천간에 丙丁화가 있으면 목화통명된 사주로 교육이나 문화, 예술 쪽에 직업성으로 능력을 써먹게 된다.

일지 상관은 상관견관으로 관성을 극(剋)하기 때문에 사회의 규범이나 틀에 매이지 않고 인간관계에도 매이지 않고 항상 자유로운 삶을 살고자 하는 마음을 내재하고 있다. 그래서 직장 내에 갇혀 지내는 삶이 답답해질 수 있는데 프리랜서 개념으로 직업 생활이나 개인 사업을 한다면 효과가 더 증대될 수 있다. 다만, 상관은 항상 상대의 행동반경이 레이더 안에 있고 그들의 장단점이 눈에 빨리 드러나기 때문에 불만족스러운 부분을 쉽게 뱉어 버림으로써 상대가 상처받을 수 있고, 상대가 나를 삐딱하게 바라볼 수도 있어 관재구설에 휘말리는 것을 조심해야 한다.

일지 午화는 입에서 불을 내뱉는 격이니 한 번 생각하고 표현하되 긍정적인 언어로 남을 이롭게 하는 표현을 쓴다면 그 복이 고스란히 자신에게 돌아올 것이다.

여명에 있어 남편, 배우자 자리가 상관 午화이니 자식 놓고 남편과의 관계가 소원해지고 거리감이 생길 수가 있다. 이럴 땐 서로 각자 자기 일을 가지면서 혹은 서로 직업적으로 떨어져 있으면서 자신의 역량을 업그레이드하는 기간으로 삼는다면 부부관계가 개선되고 서로 존중하는 사이가 될 수 있다.

❖ 12운성
甲목이 다 자라 일지 午화에서 死지가 되었다. 일지 午가 死지에 놓였다는 것은 육체의 힘이 빠진 상태니 힘들고 무거운 일을 하고 힘쓰는 노동 쪽의 직업은 기운이 금세 빠질 수 있으므로 자격증이나 아이디어를 통한 직업군과 잘 맞으며 손재주와 관련해서 현침이라는 날렵한 기운을 활용해서 글쓰기, 조각, 수예, 재봉, 미용과 관련한 일도 잘 맞고 마음공부, 종교, 철학, 명상과도 직업적으로 인연이 많다.

❖ 지장간
丙己丁이 들어 있다. 丙丁화의 식상관이 己토의 정재를 생하고 있는 구조다. 己토가 정재로 甲己합을 함으로써 꼼꼼하고 주도면밀한 면이 있으며 재물을 아끼고 절약하는 마음과 물질에 집착이 강하며 안정을 중히 여긴다.

특히, 남명의 일간 甲己合은 자기 여자에 대한 애착을 넘어 의처증의 지나친 집착과 간섭을 보일 수도 있으며, 툭툭 뱉는 상관적 말투나 잔소리가 배우자를 거슬리게 만들 수 있다.

또한, 일지 상관은 자식인 관성을 극하므로 자식과의 사이가 괴리감이 생길 수 있으니 너무 간섭하고 자신의 뜻에 따라 주길 바라지 말고 칭찬을 아끼지 않는 모습이 더 바람직하다고 본다.

여명에 있어 일지 상관은 자식이니, 자식이 丙午의 양인과 건록에 놓이므로 자식의 기운이 강하다. 대신, 상관이 사지에 놓이므로 유산의 경험이 한두 번은 있을 수 있겠다. 자식이 태어남으로써 상관견관하니 남편보다 자식에게 마음이 더 가게 되고, 그로 인해 남편과의 사이가 멀어질 수 있는 부분이 생길 수 있으며, 잘나가다가도 남편 직업이나 건강에 문제가 생길 수 있음을 의미하기도 한다. 상관은 상대의 단점이 눈에 먼저 보일 수 있는데 자신은 안 바뀌면서 상대가 바뀌기를 바라는 것은 욕심이나 다름없다. 서로가 인격적으로 존중하는 태도가 필요하다고 본다.

지장간에 丙丁의 식상관의 기운이 강하다 보니 식상생재하여 생각보다는 행동이 먼저고, 부지런함과 열정으로 물질적인 안정과 부를 이끌어 가는 기운이다. 사주에 水기운이 조후 역할을 잘하고 있으면 직업적으로, 심리적으로도 안정을 찾을 수가 있겠다.

❖ 12신살

甲이 亥卯未운동을 하니 일지 午화는 육해살이다. 배우자가 운전 기사 역할을 하니 배우자를 잘 대우하면 내가 편하고 가정이 화목 해진다.

❖ 직업 특성

목화상관은 인성이 있으면 교육과 관련이 깊고, 아나운서, 방송, 상담, 연기, 예능, 예술, 미용 쪽과도 인연이 있으며 다재다능하므로 자신의 끼와 재능을 午화의 열정으로 발산하고자 한다.

❖ 배우자 인연

- 남명

戊午의 물상으로 묵직하고 책임감 있게 자기 자리를 지키며 자기 일, 식구, 가정을 잘 꾸려 나갈 배우자를 만날 복이 있다.

- 여명

庚午의 모습으로 경우 바르고 예의가 있으며 정관(正官)의 틀이 니 직장이나 사업이 안정적이고 책임감이 강한 분을 인연으로 만날 수 있다.

(2) 乙未(을미)일주(편재·백호)

❖ 성격과 특성

일간이 일지를 木剋土하고 있다. 편재의 결과물이 바로 일지 자리에 있으니 목적의식이 분명하고 사회성이 뛰어나며 욕심 또한 많은 일주다.

乙목이 뜨겁고 조열한 未土 속에 뿌리를 박고자 하니 행동력이 민첩하고 빠르며, 실행력이 좋다고 볼 수 있다. 물론, 주변에 水기가 없으면 조후가 되지 않아 성격이 급하고 욱하는 다혈질이 순간순간 나올 수 있으며 일에 있어서 조급함이 앞서게 된다. 乙未일주는 음간의 백호대살의 기질을 가지고 있어서 전문가로서 프로답게 일에 대한 열정이나 자기표현을 과감히 내지르는 스타일이다. 일지 未토는 역마성의 기운을 내포하고 있는데 항상 스스로가 일을 분주히 만들어 바쁘게 살아 나가려는 성향을 보인다. 이 또한 乙목이 木剋土하다 보니 土生金으로 결과를 내기 위해 앞으로 달려 나가는 모습이다.

일간 乙목이 寅午戌운동을 통해 乙庚합을 향해 나아간다면, 일지 未토는 亥卯未 운동을 끝마치고 申酉戌의 결과물을 향한 목적 지향적 삶을 추구하며 욕심이 많고 뭐든 원하는 것을 쟁취하려는 의욕이 상당히 높다. 木火의 기운으로 교육, 문화, 예술 등 손재주나 자신의 콘텐츠를 활용한 분야에 능력치를 발휘하면 좋다.

辛土는 현침을 가지고 있어 지극히 현실적이며 예리한 감각의 소유자이며 특히 재성적인 감각이 남다르니 재극인을 통한 투자나 부동산, 주식 등에 뛰어난 소질을 가지고 있다. 일지 편재는 아버지와 인연이 깊어 사업이나 직업을 통해 아버지로부터 물려받을 유산이나 부동산에도 인연이 있을 수 있으며, 극신약하면 반대로 아버지와 일찍 분리되거나 이별할 수 있는 상황이 오기도 한다.

　　남명인 경우 배우자복이 좋은데 편재의 배우자를 만나니 활달하고 사회적으로 재물과 인연이 강한, 성실한 분을 만날 수 있으며, 여명인 경우 일지 편재를 깔고 있으니 재생관하면 배우자 복이 있겠으나 재생살이면 일지 지장간에 비견을 깔고 있으니 군비쟁재하여 재물과 이성 간에 다툼이나 문제가 올 수 있겠다.

❖ 12운성

　　엄마 배 속에서 다 자라 새로운 세상으로 태어나야 할 양의 물상으로 일찍 부모로부터 독립해서 자기 삶을 살아가는 경우로 유학이나 아니면 물질적 어려움으로 일찍 사회에 나오게 되는 경우가 생기며 중년에 부모를 부양하는 책임도 지게 되는 경우가 생긴다. 교육 물상으로 학원이나 유치원, 양로원 등에서 직업성을 발휘하게 되든지, 아니면 직접 맡아 운영하는 경우가 될 수 있다.

❖ 지장간

丁乙己가 들어 있다. 식신과 비견 편재의 관계다. 비견이 식신을 생하고 비견이 편재를 극하는 구조다. 열심히 일한 만큼 더 크게 자신의 주위를 확장하고 재산을 키워 나가는 모습이다. 비견은 경쟁력을 뜻하니 조금은 전투적인 면이 있어 한 치도 뒤처지지 않으려는 자존감과 욕심이 내포되어 있다. 비견은 형제자매요, 가까운 사람, 혹은 투자를 통해 군비쟁재하는 부분이 있어 재물이 한순간 나갈 우려가 있다. 일지 편재이고 지장간 인성이 없는 관계로 배움이 약하게 되면 편재를 다루는 통찰력이나 편재의 그릇이 작아지게 된다. 지식이나 정보, 자격증 등을 소유하게 되면 앎만큼 더 크게 성장할 수 있으니 부족한 인성 부분을 채워 나가면 더 크게 발전하고 성공할 수 있다.

남명에 편재를 깔고 있고 지장간 비견이 있으니, 이성에 대한 호기심과 다른 이성을 만날 수 있는 기회가 잦아질 수 있다.

여명에 있어 일지 편재이니 부지런히 기회를 만들고 부를 축적해 나가나, 비견의 탈재가 있으니 배우자나 본인의 외도나 형제나 지인의 물질적인 다툼이나 탈재 현상이 생기기도 한다.

❖ 12신살

일간 乙목이 寅午戌운동을 하니 일지 未토는 반안살이다. 말안장 위에 올라타 세상을 내려다보니 일지 편재와 함께 중년에 평안하고 부유한 삶을 살아갈 수 있음을 의미하기도 한다.

❖ 직업 특성

목화의 기운이고 양의 물상이니, 교육과 인연이 많고 문화, 예술, 창작, 프리랜서 등의 직업을 가질 수 있다. 역마와 관련해 인테리어, 부동산, 토목, 건축, 농사 등과 관련이 있다.

❖ 배우자 인연

• 남명

己未의 물상으로 자기 고집이 강하고 부지런하고 성실하며 적극적인 행동력이 있으며, 종교나 명상 등에도 관심이 많은 분을 만나실 수 있겠다.

• 여명

辛未의 물상으로 자신의 커리어나 자격증을 가지고 다소 예민하고 생각이 많으나 마음은 착한 분을 만날 수 있겠다.

(3) 丙申(병신)일주(편재·병지)

❖ 성격과 특성

火克金의 모습으로 태양 아래 풋과일이 싱그럽게 익어 가는 모습이다. 상큼한 향내가 주변의 시선을 끌게 만들듯 나 자신이 상품성이요, 결과물이다. 일지 편재는 역마의 기운으로 다방면의 사람들을 만나고 사회적인 교류관계를 넓혀 나간다.

긍정적이고 편재의 호탕함이 있어 인기도 많고 인물도 미남, 미녀가 많으며, 화려하게 잘 꾸미고 어필하는 능력이 좋아 사람들에게 호감 가는 인상이니 항상 주변에 인연들이 많다.

丙화의 火克金은 사람을 길러 내고 교육하고 그것에 관련된 시스템을 만들어 나가는 데 특화되어 있어 인간관계를 잘 다루고 자신을 단련해 나간다. 천간에 金水가 있으면 결과를 만들어 판매, 유통, 관리까지 할 수 있는 능력자가 된다.

일지 편재의 마인드는 물질에 대한 욕심이 크고 활동성이 강하기에 직장명보다 사업명으로 개인 프리랜서 및 소규모 사업장을 운영하는 경우가 많고 직장을 다니더라도 영업을 가미한 직업성이 효율이 더 좋다.

남명에 편재를 깔고 있으니, 돈이 생기면 쓰기도 잘 쓰고 수단도 좋아 이성을 잘 다루니 이성의 관계가 복잡해질 수가 있겠다. 편재적 마인드는 정해진 틀이 없이 넓은 공간을 자유자재로 쓰임 있고 용도에 맞게 활용하는 능력이므로 재물을 다루는 능력과 함께 사업적 수단과 처세술이 좋으며, 공간 감각 능력으로 발상의 전환과 응용력이 좋아 투자나 일을 잘 벌이고 역마성이라도 가만있지 않고 움직이며 삶을 창조해 나간다.

❖ 12운성

일간 丙화의 확장, 팽창의 기운이 안으로 쪼그라들고 모이면서 일지 申금에서 병지가 된다. 병지는 혼자가 된다는 것이고 외롭기 때문에 밖을 향하는 기운인 역마살의 기운과 관련이 있고 주변의 관계 폭을 넓혀 나가 밖으로는 본인의 외로움을 소통과 직업운으로 풀어 나가고 안으로는 내면을 다지는 인문 분야의 공부도 필요하겠다.

❖ 지장간

戊壬庚이 들어 있다. 식신 편관 편재의 만남이다. 식신이 편관을 제살하고, 편재가 편관을 재생살하고 있다. 식신으로 편관의 일들을 맞부딪쳐서 잘 해결해 나가는 모습이고 식신이 부지런히 편재를 생재하고 있으나, 사주가 신약하면 일만 벌이고 뒷마무리가 약해질 수 있으니, 재생살의 구조는 잘나가다가도 한 방에 위기를 맞이할 수 있는 모험적인 부분이 있다. 너무 과도한 무리수로 사업장을 넓혀 가다가 어려움과 스트레스로 인해 몸까지 망가질 수 있는 구조이니 과유불급으로 안정성을 유지하는 것이 유리하다.

남명의 경우 재생살의 구조이니 중년 이후로 배우자와의 관계에 어려움이 찾아올 수 있으니 소통과 관심, 배려가 필요하다. 여명의 경우 역시 재생살의 경우이니 물질적 어려움으로 인한 부부 관계의 소원함과 분리가 생겨날 수 있으니 유의해야 한다.

❖ 12신살
丙화가 寅午戌운동을 하니 일지 申금은 역마살이다. 활동성이 그만큼 좋으니 국내외로 자신을 알리고 확장하고 넓혀 나가는 삶을 살면 된다.

❖ 직업 특성
편재, 역마와 연관이 있는 무역, 외교, 통신, IT, 광고, 은행, 주식, 보험, 부동산, 컨설팅, 운수업, 철도 등과 관련이 있다.

❖ 배우자 인연
• 남명
庚申의 모습으로 군·검·경, 의료 등 강하고 직업성이 투철하며, 고집스럽고 강단 있는 분을 인연으로 만날 수 있다.

- 여명

壬申의 모습으로 지식이나 지혜가 출중하고 귀여우면서 재주가 좋은 분으로 자기 분야에 확실한 기술을 가지고 계신 분을 만날 수 있겠다.

(4) 丁酉(정유)일주(편재·천을귀인·장생)

❖ 성격과 특성

火克金이다. 일간 丁화는 庚금을 제련하여 만든 것이 辛, 酉금의 결과물인데 이미 일지 자리에 제련된 酉금이 자리매김하고 있다. 그러므로 丁酉일주는 예민하고 정밀하며 계산적인 면모와 함께 결과 위주의 실리적인 성품을 지니고 있다. 일간 丁화는 열과 빛과 에너지 화력으로서 일지 酉금을 용도와 쓰임에 맞게 재구성하고 가치를 실현하려 한다.

일지 酉금은 장생이요, 천을귀인으로 주변 사람을 끌어들이는 매력이 넘치고 인기가 많으며, 일지 酉금은 완성품이요, 자오묘유의 도화의 기운을 가지고 있어 남녀 모두 인물이 준수하고 호감형이다.

일지 酉금은 편재이며, 실물의 결과물이기에 과정보다는 결과를 중시하고 먼 미래보다는 당면한 현실 위주의 실리주의로 살아가기에 쓸데없는 모험이나 무모한 일에 시간낭비하지 않는다. 될 것만 찾아서 그 가치를 실현하는 데 집중하려 한다.

편재의 욕심이 큰데 온전히 자기 것으로 만들려면 일간의 근이 있어야 하고, 천간에 壬癸수나 지지에 亥子가 있으면 가지고 있는 기술을 제대로 써먹게 된다. 천간에 甲乙목이 있으면 木生火하여 일간 丁화에 불을 붙이는 경우가 되니 아이디어나 자격을 가지고 나아가 가치 실현을 하게 되며, 의욕적인 삶을 살게 된다.

정밀한 기계부품이나 반도체, 첨단기술을 이용하는 산업 부분에서 탁월하게 역량을 발휘할 수 있으며 재생산, 재고품, 재수생 과외나 학원 운영과도 연관이 있다.

❖ 12운성
장생에 해당한다. 장생은 뭐든 하는 짓이 예쁘고 뭘 해도 도와주고 싶어진다. 장생은 옆에서 챙겨 주는 이가 있으니 남명에 있어 배우자가 되고, 남녀 모두 아버지가 될 수 있고, 사회에서 만나는 사람들이 될 수 있다. 주변에 자신을 돕는 좋은 사람을 모이게 하려면 많이 웃고 편하게 다가가거나 인성적인 자격과 실력을 갖추면 된다.

❖ 지장간
庚辛이 들어 있다. 정재, 편재로만 이루어져 있다. 재성으로 이루어져 있고, 일지가 편재이다 보니 신약하면 수입보다 지출이 더 많아지게 된다. 재성으로 관성을 생하니 직장명으로 섬세한 재주를 활용해 재화로 돌려받는 경우가 되니 안정적인 수입을 창출할 수 있다. 늘 편재의 욕심이 앞서 있으니, 남명에 있어서 여성 편력이 생길 수 있으며, 투자나 돈 되는 일은 뭐든 해 보려는 시도를 하게 되는데 인성이 있어 재극인이 된 구조여야 하고, 일간의 근이 있어야 제대로 문서적 이득을 볼 수 있다. 재생살 된다면 한 방에 날아간다.

남명은 예쁜 배우자를 얻고 재적 능력도 좋은 분을 만나며, 여명에 있어 차분하고 내실을 기하면 자기 실력을 가진 분을 배우자로 만날 수 있는데, 사주 안에 정관이나 인성이 있어야 재생관으로 원만한 부부관계와 재극인으로써 재미난 삶을 살아 나갈 수가 있겠다.

일지에 편재인 재성만 있으니 재극인으로 인해 지식과 내면의 갖춤이 부족하게 된다. 인성의 갖춤이 안 되면 더 이상의 성장, 발전이 되지 않고 쳇바퀴 도는 삶이 될 수 있으니, 부족한 木의 인성 기운을 채워 나가야 할 것이다.

❖ 12신살

丁화는 巳酉丑운동을 하는데 일지 酉금은 장성살이다. 일주 자체가 같은 운동성이 있으며 장성살은 자신이 중심이 되어 주도적인 삶을 살게 되면 물질은 그냥 따라오게 되는 형국이다. 다른 사람 말에 귀 기울이지 말고 자신이 가진 기술을 가지고 제대로 활용하면 즐거운 삶을 살 수가 있다.

❖ 직업 특성

丁화의 따뜻함과 창의성과 酉금의 세련미와 정교함을 살린 작가, 크리에이터, 교사, 심리상담사, 마케팅·기획 분야, 디자이너, 아티스트, 약사, 간호사, 한의사 등이 있다.

❖ 배우자 인연

• 남명

辛酉의 미인이며 자존감이 강하고, 다소 고집스러우며, 당당하게 자기 인생을 살아가는 분을 인연으로 만날 수 있다.

• 여명

癸酉의 계획적이고, 단정하고, 깔끔하며, 감성적이며, 자기 일에 집중력이 강한, 프로 의식이 있는 분을 인연으로 만날 수 있다.

(5) 戊戌(무술)일주(비견·괴강·묘지)

❖ 성격과 특성

첩첩산중으로 아무나 오르지 못하는 높고 험준한 가을 산이다.

스스로 고립되어 혼자 있는 외로움을 즐기는 도인 같은 면모를 보이기도 한다. 위아래 陽土로 이루어져 있어 모든 것을 수용하여 받아들이는 모습이며 신의가 있고 쉽게 흔들리지 않는 중용의 태도를 취하고 있으나, 아무나 다가가지 못하는 높은 성벽이요, 경계선이요, 담벼락을 쌓는 경우가 되니 인간관계에 무관심한 편이며 무뚝뚝하고 냉정하게 선을 긋는 면이 있어 스스로 고립이나 외로움을 자처하기도 한다.

사주 내 水기가 많으면 제방 역할을 해서 물길을 열어 주기도 하고 가두기도 하여 水의 재성을 확실히 관리한다. 사주 안에 관성인 木이 없으면 할 일이 없으니 목적의식이 없고 행로가 불분명하여 직업성에 자주 변화수를 겪게 되며 결과치가 약해 삶이 고단해질 수 있다. 재성인 水가 약하면 일지 비견이라 군비쟁재하니 모이는 것보다 물질적인 부분에서 지출이 많이 될 수가 있다.

일지 戌토는 보관 창고 역할을 하니 현찰보다는 부동산으로 묶어 두는 것이 현명하다 하겠다. 또한 일지 戌토는 寅午戌의 묘지요, 申酉戌을 마무리하는 인자로 봄부터 가을까지의 경험치가 많은 土로서 높은 데서 세상을 바라보는 물상이니 선견지명이 있으며 천문성으로 하늘과 통하는 기운이 서려 있다.

일주가 괴강이고 일지가 묘지에 있어 입이 무겁고 중후하며 함부로 행동하지 않는다. 남의 말에 귀를 기울이는 것 같아도 결국은 자기중심의 사고방식으로 고지식하고 보수주의적이며 고집을 꺾지 않는 성격인 반면, 결백하고 한편으로 순수한 이면을 지니고 있다.

천간에 甲乙목이 있으면 직업성이 좋은데 甲목은 편관이라 카리스마가 강하고 완고하여 인간관계에 있어 맺고 끊음이 확실하고 무심한 면이 있다면, 乙목은 부드럽고 유연한 면이 있어 주변 사람들과 경계를 풀고 함께 일을 도모하려고 한다.

庚辛금이 있으면 식상으로 다분히 개인적인 일상을 즐기고 프리랜서 개념으로 자기 삶을 살아 나가려고 한다. 戊戌일주 자체가 완고한 편인데, 사주가 火土로만 이루어져 있으면 자존심이 강하고 자기주장을 쉽게 내려놓지 않기에 소통에 있어 불통이 생길 수 있다.

❖ 12운성
丙화와 戊토는 같이 가므로 일간 戊토에게 있어서 묘지에 해당된다. 묘지는 火를 묻었기에 활동성과 행동력이 약하고 노련하고 지혜로워 쓸데없는 일을 만들지 않고 그런 행위를 하지 않는다. 무술일주가 정관이 묘지에 있으므로 안정된 직업성이 약할 수가 있어 직장보다는 자기 기술이나 재능을 가진 개인 사업자로 나아감이 더 발전적으로 보인다.

특히, 여명에 있어 배우자 자리가 묘지이다 보니 남편 덕이 약할 수 있고 물질적 어려움에 봉착할 수도 있으니, 자격증이나 실력을 꼭 준비해 두는 것이 좋겠다. 지장간 안에 辛금이 무기가 된다. 戊토 자체가 천문성이고 묘지이니, 중년 이후로 명리나 마음공부, 명상에 대한 관심이 부쩍 늘어난다.

❖ 지장간

辛丁戊가 들어 있다. 辛 상관, 丁 정인, 戊 비견으로 이루어져 있다. 상관과 정인의 관계로 상관패인 된 일주이므로 정인의 자질과 여유로움, 그리고 지성과 통찰력을 상관으로 발현하는 모습이니 언변이나 창작, 행위예술을 통해 자신을 표현하고 드러낸다. 그리고, 상관의 감정적이고 충동적인 행위를 함에 있어 정인이 곰곰이 생각하며 조절해 나가니 똑똑하고 지혜롭다.

정인이 비견을 생하고 비견이 상관을 생하는 인비식일주로 뭐든 자기 위주로 사고(思考)하고 행동하므로 소통의 부재가 생길 수가 있다. 인비식이 강하고 반대로 재관의 기운이 약해지니 사회생활에 있어 자기만의 노하우와 실력을 쌓아 나가야 되겠다. 자기 기술이나 자격증을 꼭 마련해 놓는 것이 미래를 대비하는 길이라고 보인다.

戊토 비견은 형제자매, 경쟁자를 의미하기도 하며 재탈의 의미도 있으니 물질적인 욕심과 더불어 탈재 현상도 빚어진다. 재관의 부재로 행위에 비해 결과를 만들어 나가는 시간이 더디게 걸릴 수 있으며 끝맺음과 뒷심이 약해질 수가 있다.

남명에 있어 수단은 좋으나 자기 뜻대로 배우자를 통솔하려 하니 부부 간에 대화 단절이 생길 수가 있다. 여명에 있어 乙목 정관의 묘지가 되니 중년 이후로 남편이 하는 일이 어려워지거나 남편과의 분리가 생길 수 있겠다.

❖ 12신살
일간 戊토는 寅午戌운동을 하니 일지 戌토는 화개살이다. 복지, 종교, 명상, 심리 상담 등 활인과 인연하는 직업성을 가지게 되고 자신을 비우는 편안함을 유지한다면 생활이 안정되고 삶이 평탄하게 흘러갈 것이다.

❖ 직업 특성
군·검·경, 예술, 종교, 심리 상담, 철학, 의료 관련, 교육, 농업 분야 등과 인연이 있다.

❖ 배우자 인연
• 남명

壬戌의 물상으로 능력이 있으며 지혜롭고 소속감과 책임감이 강해 가정을 잘 꾸려 나가실 분을 인연으로 만나겠다.

• 여명

甲戌의 물상으로 편관의 기질로 도전적이고 뚝심이 강하고 물질의 애착과 욕심과 삶에 대한 애착이 강하고, 뭐든 아끼고 모아 부를 창출하는 경제적 실속파라 볼 수 있다.

(6) 己亥(기해)일주(정재·태지)

❖ 성격과 특성

일간 己土가 亥水를 土克水하는 모습이다. 일간 己土가 지장간 甲木과 甲己합을 함으로써 일지 亥水를 조절하고 맞춰 가는 형국이다. 원래 천간 戊土가 지지 亥수를 통제하고 조절할 수가 있는데, 음간인 일간 己토가 일지 亥수를 土克水한다는 것은 일지 亥水의 흐름을 맞추고 따라간다는 의미로 보아야 할 것이다. 이것은 일지 자리의 배우자와 보조를 맞추어 나간다는 것이고 여명에 있어 더욱이 남편이 하는 일을 내조하는 형국으로 나아간다.

일지 亥水 정재는 꼼꼼하고 내향적이라 바깥일보다 집안일이 우선이고 가족이 먼저이기 때문에 자신의 것을 지키고, 소유하는 힘이 강하고, 뭐든 알뜰하게 아끼고 저축하는 성향이다. 정재는 사람들의 동향에 맞추어 뜻을 같이한다는 의미로 사회성이 좋고 어디라도 맞춤형이 될 수가 있어 그들과 함께한다.

일지 亥수는 갑목의 장생지로 갑목이 잘 자랄 수 있도록 끊임없이 생기를 보충해 주고 있다. 일지 정재가 재생관하니 늘 안정된 구조로 삶을 살아 나간다. 인성인 火가 있으면 자격을 갖춘 능력자가 되어 관인상생하게 되며, 능력을 인정받아 직업성을 오래 유지하고 관리자의 위치까지 가게 되어 안정된 삶을 살 수가 있다.

천간에 甲乙木이 있으면 직업성이 좋아지고, 壬癸水가 많으면 재성을 쫓아가야 되니 과로로 힘들어지거나 건강도 해칠 우려가 있다. 戊己土가 강해지면 남명에 있어 배우자를 통제하려는 기운이 있어서 배우자와 갈등을 초래할 수가 있다.

❖ 12운성
일지 亥수는 태지에 놓인다. 태는 배 속의 태아의 상태니 무엇보다 안정이 우선이다. 정재 또한 실속이요, 안정이니 기초를 단단히 다져 나가는 것이 중요하며 너무 지나친 식상생재는 재생살이 되어 과유불급이 될 수가 있다.

❖ 지장간
戊甲壬이 들어 있다. 戊겁재, 甲정관, 壬정재다. 정관이 겁재를 조절하고 정재가 정관을 재생관하는 구조다. 재생관하는 구조로 사업을 해도 무리수를 두지 않고, 프랜차이즈처럼 따박따박 월급 식의 안정적인 수입구조로 가져간다.

남명은 일지 정재를 두고 있기에 내조를 잘하는 배우자를 만날 수 있고 여명은 재생관하므로 직업적으로 공직이나 직장명으로 책임감이 강하고 가정을 잘 이끌어 가는 배우자를 만날 수 있다. 남녀 모두 재생관, 식상생재하므로 자식운이 좋다.

❖ 12신살

일간 己토가 巳酉丑운동을 하니 일지 亥수는 역마살이다. 일간이 근이 없이 신약하면 직장이나 이사 등 변동운이 잦아질 수가 있고 직장에서도 외근직이나 움직임이 많은 일을 하게 될 수가 있으며 배우자가 그런 분이 될 수 있겠다.

❖ 직업 특성

공무원, 금융, 회계, 무역, 해운업, 건축, 토건업, 부동산, 숙박업, 목욕탕, 농업, 어업 등의 업종과 관련이 있다.

❖ 배우자 인연

- 남명

癸亥의 물상으로 지혜로우며 적극적, 활동적으로 삶에 욕심이 많고, 여행을 즐기며 감성적, 감각적인 면이 뛰어난 분을 인연으로 만날 수 있다.

- 여명

乙亥의 물상으로 착하고 지성적이며 학문과 인연하고 잘 받아들이면서도 자기의 고정관념이 확고한 그런 분을 인연으로 만나겠다.

(7) 庚子(경자)일주(상관·사지)

❖ 성격과 특성

바위틈 사이 살얼음 밑으로 차가운 1급수가 고요히 흐르는 모습이다. 金生水하니 일간 庚금이 일지 子水의 흐름을 더 좋게 만들어 생명력까지 부여해 주니 子水의 지혜를 크게 펼쳐 낼 수가 있게 만든다.

상관 子水는 상관에 맞게 자유로운 생각과 사상을 펼쳐 나간다. 금수상관, 금백수청(金白水淸)으로 냉철하고 깔끔한 성격을 드러내며 속세의 물질적인 욕심을 추구하는 것보다 정신세계를 탐구하고 연구하기를 좋아하고 고고하고 도도하게 자신의 길을 찾아 나서고자 하며 스스로의 인생을 즐기겠다는 의미가 담겨 있다.

천간에 丙丁이 있으면 관성으로 일지 子수를 조절하고 있으니 어디로 흐를지 모르는 子수 상관의 방향성을 올바르게 잡아 주고 목표나 이상이 뚜렷하며 직업성도 분명하다. 甲乙이 있으며 일지 子

수를 수생목하니 창작이나 창의력과 아이디어, 지혜로움을 밖으로 드러내어 물질적인 결과를 만들어 나간다. 戊己가 있으면 인성의 지식이나 갖춤, 자격증으로 일지 상관의 쓰임을 다양하게 열어 나갈 수 있다.

일지 子水는 음중의 음으로 에너지가 안으로 응축할 대로 응축되어 있어 지혜의 깊이가 남다르고 섬세하고 예민하며 변덕도 심하고 재주도 비상하다. 한편으로 1양 시생의 생명의 시작을 알리는 씨앗이므로 모든 만물의 씨종자가 된다. 공자, 노자처럼 학문의 시초가 되기도 하고, 천체나 물리, 유전공학에서도 뛰어난 창의력을 발휘하여 업적을 남기기도 한다.

일지 子수상관은 상관견관하여 과거의 틀을 깨고 시대에 맞는 새로운 창조의 길을 열어 가는 혁신적이고 창의적인 발상을 가진 기운으로, 직장 내에서도 모순을 발견하여 혁신하고 바꾸려는 기질 때문에 마찰이나 부딪힘이 잦아질 수 있는 부분이 있다.

남명에 있어 일지 상관은 뭐든 자기 틀에 맞추어 상대를 바꾸려고 하고 자기 자신을 돌아보기보다 주변 상황에 너무 민감하게 반응하는 기운이다. 똑똑하고 입담이 좋아 바깥이나 가정사에 자기주장을 내세우다 보니 시끄러워질 수가 있다.

여명에 있어서 일지 상관은 남편을 상관견관하므로 남편의 행동을 뜯어 고치려고 잔소리를 늘어놓게 되는 경우니 남편과의 불통이 생겨나게 된다. 사주 안에 ±의 정인이 있으면 상관패인하여 지식과 배움과 나의 갖춤으로 현명하게 극복할 수 있다.

❖ 12운성

일간 庚금의 열매가 子수 씨앗이 되었으니 子수에서 死지가 된다. 사(死)지는 육체를 써서 하는 직업과는 거리가 멀고 정신적이고 지혜를 활용하여 생각하고 연구하고 아이디어를 내어서 남들보다 창의적인 부분에서 변화를 시도하고 학문이나 예술 등 가치 창조와 관련된 직업군과 인연이 있다. 子水상관은 자기만의 방법으로 표현해 내는 능력이 탁월하다 하겠다.

남명에 있어 일지 死지의 배우자의 모습은 조용하면서도 남편 내조를 열심히 하는 모습이라 볼 수 있다. 여명에 있어 일지 死지의 배우자의 모습은 나를 생해 주는 모습이 아닌 내가 생해 주고 헌신해야 할 배우자의 모습이며 조용히 자기 길을 가는 사람으로 부부관계의 재미는 없다고 볼 수 있다.

❖ 지장간

壬癸가 들어 있다. 식신과 상관이다. 자신이 가진 재능을 마음껏 표현하고 드러내 보이는 인자다. 식신은 전문성이나 재능을 직업성으로 활용하는 인자로 인성이 있으면 나의 갖춤을 가지고 제대로 인정받으며 나갈 수가 있는데, 감정표현이나 가지고 있는 지식을 꼼꼼하고 정확하게 나열하고 표현하는 힘이 강하며 언론, 출판, 방송 혹은 교육 쪽으로 자신을 드러내 놓기가 쉽다. 계수 상관은 순간의 직감, 상황 판단, 예지력이며 응용력으로 순간순간 어려움을 잘 극복하는 대처 능력이 탁월하고 언변이 능수능란하다.

식상생재하니 재성을 만들어 나가는 재주가 좋으며 일지 상관은 상관견관으로 직장의 변화수가 많을 수 있는데 상관 자체가 감성계고 분위기에 민감하며 바른말 하기 좋아하는 기질이다 보니 남의 장점보다 단점들을 좋은 취지로 상대에게 요구하지만 듣는 기분 나쁘게 들을 수 있다. 함부로 남을 평가해서는 안 되는 것이 항상 자기 관점에서 상대를 보기 때문에 분명 잘못된 판단이 생길 수 있게 된다.

상관은 자유로운 영혼으로 어디에 매여 구속받는다든가 누가 뭐라고 하면 반박하는, 반항심이 강한 야당적 기질이 있다. 이것은 관재구설과도 연결될 수 있으니 남을 이롭게 하는 말로 덕을 쌓아야 할 것이다.

남명은 상관견관하니 자식과 관계성이 약할 수 있는데 자기 틀에 자식을 끼워 맞춰 키우지 말고, 자식의 타고난 재주와 인성을 인정하고 이해해 주는 것이 관계 개선에 좋은 결과를 줄 것이다.

여명은 자식 놓고 난 후부터 남편보다 자식이 먼저이니, 남편과의 관계가 소원해지기 쉽고 상관견관하니 자식 놓고 각방이나 분리가 찾아올 수 있다. 각자가 자기 실력을 가지고 삶을 살아 나가는 것이 좋고, 무엇보다 배우자를 인정하고 존중하는 자세가 필요하겠다.

❖ 12신살

천간 庚금은 巳酉丑운동을 하므로 일지 子수는 육해살이다. 육해살은 인간관계의 어려움이나 실패가 따르고 조후가 안 되면 질병에 걸리기도 하는데, 庚子일주는 몸이 차갑고 냉하니 혈액순환이나 장기능이 원활하지 않아 변비나 허리 쪽이 약하고 중년 이후로 심해질 수 있으니 몸을 따뜻하게 조절하여 항상성을 유지해야 한다.

❖ 직업 특성

일지 상관과 사지를 활용하는 교육, 외교, 철학, 종교, 사상가, 과학자, 언론, 방송 등이 있다.

❖ 배우자 인연

• 남명

甲子의 물상으로 인성의 배움이 있고 묵묵하게 내조하고 성실하게 자기 일을 억척스럽게 하는 고집스러우면서도 착한 분을 인연으로 만난다.

60갑자 일주론

- 여명

丙子의 물상으로 가정적으로 책임감이 강하고 지혜로우며 일지 상관의 새로운 시도를 모색하여 인생을 발전적인 방향으로 이끌어 나가는 분을 만나게 되겠다.

(8) 辛丑(신축)일주(편인·양지)

❖ 성격과 특성

土生金으로 丑土 속에 辛금이 올라와 옛것을 고수하고 지켜 나가는 편인의 모습이다. 겨울 땅 위에 솟은 辛금이기에 냉철하고 이지적인 느낌을 주는 일주다.

좋고 나쁨의 호불호가 명확하고 내가 좋으면 완전히 꽂혀서 집중하고 올인하는 성향이 강하다. 신중하고 예민하며 영감이나 직감이 잘 발달되어 철학이나 종교, 미래학에 심취하는 성향이 있으며 일지 편인으로 항상 과거와 미래를 걱정하고 대비하는 정신이 강하다. 자존심도 강하고 내성적이고 결벽증도 있으며, 아이디어와 준비성으로 한 분야에 꾸준히 올인하므로 기어코 성공하고 자리매김하는 일주다.

천간에 丙화가 있으면 자신이 가야 할 길을 정해 놓고 공부한 것을 직업으로 써먹게 된다. 壬癸수가 있으면 일지 편인을 꺼내서 기술적으로 유용하게 잘 써먹는다. 甲乙목이 있으면 木剋土하여 재극인하니 현실성 있게 丑인자를 적극적으로 발현시킨다. 사주 내 木이 없으면 이론에 불과하고 현실성과 멀어져 철학이나 종교 등 4차원적 생각에 머무를 수 있다.

丑土편인은 단단하게 얼어 있는 땅이므로 웬만해선 고정된 생각의 틀이 정확해서 잘 바뀌지 않으므로 명분이 주어지면 그것을 관철시키는 힘이 대단하다. 편인은 정인과 다르게 대중적이지 않고 고유한 자격과 능력이므로 이것을 자신의 이름으로 자격화하여 밖으로 펼쳐 낼 때 위상도 더 높아진다. 영적인 감성이 종교계나 철학, 명리 쪽과도 잘 맞으며 직감, 예지력으로 본인이 하는 일의 성사에도 좋은 결과를 미치기도 한다.

❖ 12운성

양지에 해당된다. 양지는 배 속에 안전하게 태아가 자라고 있는 모습이다. 느긋하게 기다리는 마음의 여유가 있으며 상속의 별이기도 하니, 부모나 조상으로부터 땅이나 부동산의 물려받음이 있을 수 있으며 없다면 배우자를 통해서도 이러한 경우가 생겨나기도 한다.

양지는 엄마 배 속에서 나올 준비를 하고 있으므로 부모 곁을 일찍 떠나 사회생활을 하는 경우가 많으며 멀리 유학의 길에 오르기도 한다. 일지 편인인 부모를 부양하는 모습도 있으며 남을 가르치거나 직접 요양원이나 학원을 운영하기도 한다.

❖ 지장간

癸辛己가 들어 있다. 癸수는 식신, 辛금은 비견, 己토는 편인이다. 편인이 비견을 生하고 비견이 식신을 生하는 형태이다. 편인의 기획이나 아이템을 비견의 자신감과 도전으로 식신의 민첩한 행동력으로 재성을 창출하고 결과를 만드는 모습으로 부지런히 힘써 일하면서 자신의 것을 만들어 나가는 의지가 강하고 게으름을 부리지 않는 부지런한 일주다.

대신 편인의 외골수적인 기질 때문에 다른 사람들의 말을 듣기보다는 자기 생각이 옳다는 고집을 부릴 수가 있기에 소통이 이루어지지 않으면 고립될 수 있다.

편인과 식신은 도식적인 부분이 있지만, 비견이 이것을 수렴하여 새로운 생각과 시도를 끊임없이 모색하고 있으니, 끊임없는 시도와 도전으로 축토의 언 땅에서 새로운 신화를 만들어 낼 수 있다.

❖ 12신살

천간 辛금은 신자진(申子辰)운동을 하고 있는데 일지 丑토는 반안살이 된다. 출셋길이 보장되는 강한 기운이며 카리스마가 넘치고

아랫사람을 통솔해 나가는 위치에 서게 되는 기운이므로, 리더로서
자신감으로 당당하게 나아가야 운이 열리는 살이라고 볼 수 있다.

❖ 직업 특성

편인의 전문성을 추구하는 연구원, 교육자, 학원 운영자, 강사, 건
물주, 종교인, 육영 사업, 양로원 운영, 냉동수산, 횟집 등에 잘 어울
린다.

❖ 배우자 인연

• 남명

乙丑의 물상으로 부드러우면서 현실적이며 내조를 잘하고 특히
재물적인 면에 있어 아끼고 저축하며 열심히 살아가는 분을 인연으
로 만날 수 있다.

• 여명

丁丑의 물상으로 자기 분야의 전문가로서 소신과 의사표명을 확
실하게 하며 부동산이나 재성적인 관리를 확실하게 하는 현실적인
분을 만날 수 있다.

(9) 壬寅(임인)일주(식신·병지)

❖ 성격과 특성

水生木하여 찬 서리 맞은 어린 寅木이다. 앞으로 달려 나아가지 않으면 추위에 어린 寅木이 얼어붙을 수도 있기에 일지 寅木은 火를 향해 부지런히 앞만 보고 달려 나가는 모습이다.

일간 壬水는 차갑고 냉철하며 두뇌회전이 빠르고 이성적 사고를 가지고 일지 寅木을 수생목하고 있으나 과도한 水기운으로 부담감을 안고 살아간다.

일지 寅木은 식신은 寅午戌운동을 시작하는 기운으로, 水기운을 분출하기 위해 열심히 역마의 활동으로 재성을 움켜쥐게 된다. 실제 외부적인 활동성이 있는 직업성에 잘 맞다. 차가운 비를 잔뜩 맞은 어린 새싹이기도 하니 심리적으로 뒤처지지 않으려는 불안함이 깔려 있고 조후가 되지 않으면 실제 몸이 무겁고 아플 수 있는 상황에 놓이게 되며 12운성에도 병지에 해당이 된다.

일지 식신이 식신생재하므로 끊임없이 스킬과 재주, 전문성을 살려 재성을 추구하려는 욕심과 열정이 누구보다 강한 일주다. 천간에 丙丁이나 지지 巳午가 있으면 일지 寅목이 커 나갈 수 있는 배경이 되며 목적의식이 생기고 활력이 생기니 결과적으로 물질의 안정을 찾을 수 있게 되는데 실제 壬寅일주들이 똑똑하고 성실하며 부자들이 많다.

천간에 甲乙木이 있으면 일지 寅木이 뿌리가 되니 진취적이고 호기심이 많아 새로운 일을 모색하며 자신을 성장시키는 삶을 살아나가게 된다.

戊己土가 있으면 壬水를 조절하는 역할이니 관성으로 직업성을 제대로 잘 써먹게 된다. 식신 寅木은 자식이니 식신생재로 자식들이 건전하며 목표지향적인 삶을 살아갈 수 있는데 행여 너무 지나친 水의 설기로 인한 水生木으로 조후가 안 되면 寅목이 크지 못하고 썩을 수가 있다. 이는 과분한 부모의 영향으로 자식이 정상적으로 성장하지 못하는 경우가 생길 수가 있으니 집착하는 마음을 내려놔야 한다. 남녀 모두 배우자에게 잘하고 인정받고 살아 나간다.

❖ 12운성
병지에 해당된다. 병지는 자신이 아파 봤기에 상대를 이해하게 되고, 자신의 외로움을 사회에 승화하는 모습이다. 역마살의 기운이 강하다 보니 그러니 식신의 전문성과 자질을 통해 식신생재해서 적극적인 사회활동을 통해 삶의 질을 높여 나가는 것이 병지를 극복하고 잘 활용하는 길이다.

❖ 지장간

戊丙甲이 들어 있다. 戊편관, 丙편재, 甲식신이다. 식신 생재 재생 살 식신제살 구조로 식신생재의 기운이 가장 강하다.

남녀 모두 자식복이 좋다. 남명에게 있어서 자식은 장생의 생기를 듬뿍 가진 사랑받는 자식이고, 여명에 있어서 자식은 木生火로 달려 나가는 동기부여가 되고 발판이 된다.

남명의 경우 집안 살림도 잘살고 열심히 사회생활도 하면서 집안을 일으키는 내조 잘하는 아내를 만날 수 있는 복이 있다. 여명에 있어서도 자기 전문성이나 기술을 살려 책임감 있게 가정을 꾸려 나가는 남편을 만날 수 있는 복이 있다.

木生火로 자식 놓고 집안 살림이 늘어나는 형국으로 이는 丙화의 밝음으로 확장하기 때문이고 자식이 편관의 어려움을 해소하는 역할을 담당하게 된다.

남녀 모두 재성적인 재물의 운기도 좋고 관성의 직업성도 좋아 직장이나 사업을 해도 좋은 명이다. 특히, 식신이 편관을 제살하는 부분은 난제가 있을 때 식신의 실력으로 직접 부딪혀 해결하는 능동적인 처세력이 있으며, 뭐든 미리 연구하고 대비하는 준비정신과 함께 부지런하고 영리하며 진취적인 기상이 한몫한다고 볼 수 있다.

❖ 12신살

壬수는 申子辰운동을 하니 일지 寅목은 역마살이다. 삶이 역동적이고 활기차니 멀리 해외에서 사업을 하거나 거주할 수도 있다.

역마는 머뭇거림이 아닌 행동이다. 발 빠르게 행동하다 보면 생각이나 아이디어가 새롭게 샘솟는다.

❖ 직업 특성

木식신의 전문성을 발현하는 인테리어, 광고, 홍보, 세무·회계, 공무원, 은행, 법무법인, 개인 사업 등과 인연이 깊다.

❖ 배우자 인연

• 남명

丙寅의 물상으로 직업성과 사회성이 뚜렷하고 밝고 귀여우며 어디 가도 인정받는 배우자를 만날 수 있겠다.

• 여명

戊寅의 물상으로 책임감과 배려가 있고 통찰력이 있는, 은근 귀엽고 매력이 있는 배우자를 만날 수 있겠다.

(10) 癸卯(계묘)일주(식신·장생·천을귀인)

❖ 성격과 특성

水生木하여 묘목에 촉촉이 봄비가 내리고 있다. 일간 癸水는 부모가 자식을 키우는 심정으로 卯木을 잘 기르고 싶어 한다. 실제로 여명에 있어 남편보다 자식을 더 끔찍이 좋아하고 챙긴다. 卯木은 습목이라 천간에 丙화나 사주 안에 火가 있어야 木生火하여 성장, 발전한다.

癸卯일주는 순수한 어린아이의 모습으로 자라나는 새싹의 모습으로 일지 장생을 깔고 있으므로 생기발랄하고 긍정적이며 하는 짓이 이쁜 일주다.

일지卯목이 식신이고 문창귀인이 있어 손재주도 탁월하여 음식 솜씨나 창작, 문예, 예술 분야에서 뛰어난 두각을 나타내기도 하고, 언어 구사 능력이 좋아 표현력에서도 자기 의사를 명확히 잘 드러낸다.

사주에 인성(金)이 있다면 지식을 자격화하여 식신을 잘 써먹을 수 있는 실력가가 될 것이다. 식신은 수명과 식복을 관장하기에 먹고사는 것이 다른 일주보다는 수월하고 어디 가도 챙겨 주는 이가 있다.

본래 子午卯酉는 자신의 끼나 재능을 드러내고자 하는 마음이 강하며 가만히 있어도 주변에 사람이 모여드는 형국인데, 묘목의 木 기운이라 생기발랄한 기운이 주변 사람들까지 기분 좋게 만드는 분위기로 이끈다.

木식신은 창조적 발상으로 새로움에 도전하고 木을 키우고자 하는 마음이라 한시라도 가만히 있지 않고 움직여서 일을 만들어 나가는 부지런함이 몸에 배어 있다. 그래서 식신생재하여 부를 축적하고 생활에 안정을 꾀하려 하는 것이다. 천간에 丙丁화가 있으면 꿈과 목표를 가지고 도전의식으로 자신의 실력을 확장하고 경험으로 부딪혀 키워 나가니 사회생활을 적극적이고 열심히 하는 명이 된다. 식신은 그냥 계산 없이 주고 싶은 순수한 마음을 내포한다. 죽은 나무도 살리는 기운으로 촉촉한 단비로 세상 사람들에게 위안을 줄 수 있는 일주다.

❖ 12운성
장생에 해당된다. 서로 사랑을 주려 하니 어디 가도 예뻐하고 챙겨 주는 후원자가 있는 일주다. 주고자 하는 마음으로 베풀면 그대로 돌려받을 것이다. 일지에 천을 귀인이 있어 항상 힘들 때 주변에 귀인이 있어 어려운 고비를 잘 넘어갈 수 있게 만든다.

❖ 지장간
甲乙이 들어 있다. 상관과 식신의 조합이다. 상관은 센스요, 상황에 맞는 임기응변이니 재치가 있고 눈썰미가 좋다. 식신은 타고난 전문가적 재능이니 이 둘의 조합으로 사회생활을 눈치 있게, 현명하게 잘 운영해 나간다.

여명에 있어서 식상관은 정관을 극하므로 남편 직업이 어려움에 놓일 수 있으며 남편이 하는 행위가 제 맘 같지 않아 부딪힐 일이 생긴다는 뜻으로 서로 다른 취미나 개인의 전문성을 통해 부족한 부분을 채워 나감이 좋겠다고 보인다.

남녀 모두 부지런함이 몸에 배어 있고 어디 가도 근면, 성실함으로 인정받는다. 남녀에게 있어 식신은 전문성이요, 기술력이며, 장인의 기질이다. 인성의 부재가 있으니 미리 전문적인 자격증을 취득해 둔다면 자신의 실력을 확실히 살려 미래를 준비하고 대비할 수 있겠다. 일지 식신은 장생이니 자식복이 좋고 출중한 자식들을 둘 수가 있겠다.

❖ 12신살

일간 癸수는 亥卯未운동을 한다. 그러므로 일지 묘는 장성살이다. 재주가 장생과 천을귀인 문창귀인 장성살로 세상에 우뚝 서 있으니 자기 실력을 일취월장시켜서 사회에서 인정받고 그것으로 물질의 안정과 명예를 추구할 수 있다.

❖ 직업 특성

木식신의 전문성을 띠는 음식 사업, 식자재 사업, 프랜차이즈, 기획, 출판, 예술 관련, 水生木 木生火의 교육 사업 등과 관련이 있다.

❖ 배우자 인연

• 남명

丁卯의 물상으로 편인의 학문성, 자격증과 더불어 손재주가 있어 자신의 것을 작업화하는 분야와 정신적, 예술적, 종교성과도 인연이 있는, 여성적이며 세밀한 분을 인연으로 만날 수 있겠다.

• 여명

己卯의 물상으로 부지런하고 책임감과 뚝심이 있으며 밝은 성정을 가진 분을 인연으로 만날 수 있겠다.

5) 갑진일주(공망-인묘)

(1) 甲辰(갑진)일주(편재·쇠지)

❖ 성격과 특성

청룡(靑龍)이 비상하는 모습이다. 甲木은 辰土 땅에 木克土하여 뿌리를 내리고 위로 솟아오르는 진취적인 기상이 청룡의 모습을 닮았으며 성격 또한 호탕한 기질을 가지고 있다.

일지 辰土는 만물이 소생하고 활동할 수 있는 기름진 옥토로 뭐든 심기만 하면 자라나게 되니, 辰土 입장에선 甲木을 을목으로 더 확장하고 크게 키워 내고 싶은 마음이 크다. 일지 편재는 넓은 땅이요, 큰 재물이며 일지에 근을 두고 있으니 물질에 대한 욕심이 누구보다 크고, 활동무대가 그만큼 여유롭고 기회 포착 능력이 좋으며 스스로 그러한 기회를 만들어 나가는 능력이 뛰어나다. 편재 자체가 역마살 기운이니 멀리 해외 어디라도 자유롭게 甲木의 씨앗을 여기저기 키워 나갈 수가 있다.

木剋土는 나의 의지요, 강한 행동력이기 때문에 생각하고 행동하는 것이 아니라 행동하면서 하나씩 생각을 다져 나가는 기운이며, 내가 강하지 않으면 편재에게 휘둘리거나 편재를 감당하기 힘드니 먼저는 갑목일간의 근(根)이 지지(地支)에 강하게 뿌리를 내려야 한다.

또한 甲木은 천간이나 지지에 丙丁이나 巳가 있어야 木生火하여 木을 잘 자라게 하며 火生土하여 일지 편재를 키워 나갈 수가 있다. 일지 辰土는 만물을 키우는 데 있어 속전속결 같은 성급함이 앞서는 부분이 있으므로, 甲辰일주는 갑목도 위로만 직진하고 진토 역시 진취적인 기상 때문에 다혈질에 성미가 급한 편이고 꿈과 이상, 포부가 한없이 넘쳐난다.

앞으로 나아가고자 하는 긍정적 마인드는 좋으나 일지 辰土의 성급함이 지나치다 보면 인간관계에서 실수가 생길 수 있으며, 지나친 욕심으로 헛된 망상을 하게 되는 경우도 생길 수가 있는데 이로인해 모든 게 실패로 돌아설 수 있다. 사주 안에 인성(水)이 있으면 통찰력이 있어 함부로 행동하지 않게 된다.

남명에 있어 일지 편재는 사회적 활동이 왕성하고 욕심이 많은 배우자일 수 있기에 내가 신약하면 통제하기가 쉽지 않은 경우가 될수 있으며 지장간 겁재로 인해 부부관계에 문제가 발생할 수 있겠다. 여명에 있어 지장간 겁재는 남편의 외도를 의심할 수 있다. 만약 재생관이 아닌 재생살이 되면 물질적 어려움이 내가 아니면 남편으로 인해 발생될 수 있겠다.

❖ 12운성

쇠지에 해당된다. 쇠지는 50대 이후의 삶을 관망하는 태도를 말한다. 인생을 살아 본 중년의 마음이기에 삶의 노련함과 참고 인내하는 마음이 몸에 배어 있어서 뭐든 현명하고 분별력을 가지고 살아나갈 수 있는 기운이다. 일지 자리에 있으니 장년, 중년기에 들어야 삶의 경험치와 노련함이 생길 것이다.

❖ 지장간

乙癸戊가 들어 있다. 乙木 겁재, 癸水 정인, 戊土 편재다. 정인이 겁재를 生하고 정인과 편재가 戊癸합을 이루고 있다. 겁재가 戊토를 木克土하고 있으며, 乙木 겁재가 일지 진토에 올라타 있으므로 甲木보다 더 강하다.

겁재는 진취적인 행동으로 대등한 경쟁자의 위치에서 한 치 양보 없이 지지 않으려는 민첩한 행동력도 보이기에 어디가도 경쟁력에서 뒤떨어지지 않는다. 게다가 정인의 현명한 지식과 지혜, 통찰력이 있으므로 얼마든지 겁재와 정인의 자격으로 편재를 다스릴 수 있는 능력이 될 수 있다.

다만 겁재 역시 경쟁자로, 재성을 탈재하는 기운이 있다. 물질적인 면에서 친한 동료나 형제 혹은 가까운 사람으로부터 그러한 일이 생길 수 있으니 분별력 있게 일처리 하는 것이 좋겠다.

일지 지장간 안에 겁재가 있다는 것은 남명 입장에서는 배우자를 겁재가 탈재하기 때문에 부부 간의 오해나 의심 등의 갈등이 올 수도 있다. 戊토 편재는 辰토 위에 근을 내려 원하는 결과를 성취해 내거나 큰 재물을 거둬들일 일이 생길 것이다.

❖ 12신살

일간 甲木이 亥卯未운동을 하니 일지 辰土는 반안살이 된다. 편안하게 말안장˙ 위에 올라탄 경우니 중년에 물질적 안정과 지위를 가지며 풍요롭고 여유 있는 삶을 살아갈 수 있다.

❖ 직업 특성

재성의 투자나 펀드, 은행 관련 쪽과 무역업, 물류창고, 택배업, 부동산, 약재 농사 및 木火의 기운으로 교육이나 출판, 서비스 업종과도 인연이 있다.

❖ 배우자 인연

• 남명

戊辰의 관대물상으로 사회적 욕심이나 재물에 대한 욕심이 강하고 자신의 주관이 뚜렷해서 자기 주도적으로 인생을 살아가는 분과 인연이 되겠다.

- 여명

庚辰의 괴강물상으로 전문가다운 면모를 가지고 있으며 주관이 뚜렷하고 지식이나 아이디어를 활용해서 하는 직업이나 부동산 분야에 인연하는 분을 만날 수 있겠다.

(2) 乙巳(을사)일주(상관·목욕)

❖ 성격과 특성

乙巳는 초여름 산들산들 불어오는 따뜻한 바람이다. 木生火해서 巳 중 庚(金)이라는 작은 열매가 이미 달려 있다. 천간 乙木은 현실적이며 목적성이 뚜렷하며 결과주의요, 결과를 위해서는 곡각으로 주변의 환경 적응력이나 처세력이 좋아 외유내강하는 일주이다.

일지 巳火는 상관이다. 상황 판단이나 임기응변이 대단히 빠르며 木生火 된 상관이므로 밖으로 자신을 드러내 보이는 것을 좋아하므로 화려하게 꾸미고 표현하는 감성적이고 예술적 감각이 뛰어나고 특별나며, 상관은 창의력으로 정해진 틀보다는 틀을 깨고 새로운 분야를 재창조하는 능력이 있다. 보기 좋은 떡이 먹기도 좋다고 포장이나 색깔의 화려함, 주변의 조화를 더 중시하니 지금의 변화무쌍하고 화려한 시대에 잘 어울리는 일주다. 그만큼 상관은 몸으로 표현하고 남들에게 어필하는 모습으로 언변이나 제스처가 발달되어 있다. 천간에 壬癸수가 있으면 인성의 배운 지식이나 자격으로 교사, 강사, 상담가 혹은 예술가로 두각을 드러내고 사람들을 가르치기도 한다.

남녀 일지상관은 지지에 근이 무력하거나 합이나 생이 없으면 직업의 잦은 변동수나 일지 배우자의 변동수가 발생하게 되는데 상관의 감정적이고 감성적인 부분이 예민하다 보니, 상대의 장단점이 쉽게 눈에 띄므로 직장이나 사람을 인연함에 있어 부딪히고 견뎌내질 못한다. 그러므로 상관의 적성으로는 프리랜서 및 자유직업의 일을 가지는 것이 훨씬 잘 맞다고 할 수 있다.

또한 상관의 감정표현이 강하다 보니 말을 쉽게 내뱉을 수 있는데 말로 인해 남에게 상처를 주기도 하고 비밀이 드러나 오해 아닌 오해가 생길 수 있다. 말 한 마디에 신중하고 상대를 배려하고 인정하고 존중하는 태도의 갖춤이 필요하며 항상 환경이나 상대를 바꾸려고 하지 말고 나 자신을 먼저 바꿔서 상대를 대하는 면모를 가져야 하겠다.

여명에 있어 상관은 자식이니 자식에게 온 정을 다 줄 수 있으며 자식 낳고 남편과의 사이가 멀어지는 현상이 생길 수 있다. 상관견 관으로 부부 이별까지 초래할 수 있으니 상대를 바꾸려 하지 말고 자신의 태도나 행동을 바꿨을 때 상대도 변한다는 사실을 숙고했으면 한다.

❖ 12운성

화려함을 뽐내는 목욕의 물상이다. 木火의 기운과 함께 목욕지에 있으니 남들의 이목을 집중시키고 싶고 자신의 숨은 재능을 마음껏 발산하고픈 욕구가 강하니 주변의 시선을 끄는 행동들을 여지없이 드러낸다.

❖ 지장간

戊庚丙이 들어 있다. 戊정재, 庚정관, 丙상관이다. 상관생재하고, 재생관하며 상관견관하는 모습이다. 상관의 행동력과 처세력으로 사회에 잘 적응하고 재성을 움켜쥐며 그것으로 정관의 안정과 명예를 더 높일 수 있는 일주다.

상관견관은 답답한 정관의 틀, 사회의 틀을 깨고 싶은 욕구가 강하게 있으므로 직장 내에서나 가정에서나 할 말이 많고 저항하는 힘이 강한데 이것은 낡은 틀을 새롭게 변화시키고자 하는 창조성이 강하기 때문이다. 자신의 틀을 깨고 더 큰 곳으로 나아가고자 하는 자아성취를 위한 도구로 쓰는 것이 좋다.

여명에 있어 상관견관은 일지 상관은 자식이니 자식에게 집중하다 보니 자식 놓고 남편과의 사이가 소원해지거나 멀어지는 경향이 강하다.

乙목과 지장간 庚금과 乙庚합을 하니 가고자 하는 방향은 늘 직업의 안정과 자신의 명예나 위치에 대한 욕심을 가지고 살아 나간다.

여명에 있어서 乙庚합은 남편에 대한 도리를 다하려는 마음이 엿보인다. 남명은 상관견관으로 자식과 인연이 약할 수 있고 서로 가고자 하는 생각이 맞지 않을 수 있으니 부모의 틀에 자식을 끼워 맞추지 말고 각자의 삶을 인정하고 존중하는 태도가 필요하다 보인다.

❖ 12신살
일간 乙木은 寅午戌운동을 하는데 일지 巳火는 망신살이다. 망신살이란 남들이 하지 않는 특이한 행동이나 표현방식에 있어 망신살의 모습으로 표현되지만 그것이 두각을 보여 예술이나 방송, 연예계 쪽의 끼와 재능으로 드러나는 보이는 모습으로 나타나기도 한다. 또한 심한 언행으로 구설수에 올라 망신살을 당하는 경우도 생길 수가 있다.

❖ 직업 특성
木火의 기운을 활용하는 문학, 예술, 교육, 유튜버, 인플루언서, 서

60갑자 일주론

비스업 등 다양하게 활동할 수 있다.

❖ 배우자 인연

• 남명

己巳의 물상으로 품성이 바르며 지적 매력이 있으며 밝은 기운으로 삶의 활력을 가진 분으로 편안하게 자신을 케어해 줄 수 있고 따뜻함을 갖춘 분을 인연으로 만난다.

• 여명

辛巳의 물상으로 정관의 고정관념이 강하고 법이나 규범을 잘 지키며 책임감이 강하여 가정을 잘 이끌어 나가실 분이며, 직장이 반듯하고 소신이 분명한 분을 인연으로 만난다.

> 일지 巳亥는 변화의 바람이다. 자신에게 늘 생기를 부여하고 변화를 주도하는 사람으로 거듭나야 할 것이다.

(3) 丙午(병오)일주(겁재·제왕·양인살)

❖ 성격과 특성

정오의 작렬하는 태양이다. 천간 丙火는 태양빛으로 만물을 비추고 일지 午火는 열로서 함께 달구고 팽창한다. 천간 丙火는 정재인

辛金을 만나 丙辛합으로 현실적 결과물을 만든다.

일지 午화는 겁재다. 군겁쟁재하다 보니 물질적인 이득이 있는 반면 나가는 것도 많고 그만큼 자신이 하는 일에 경쟁자가 항상 생김을 의미하기도 하고 사업적으로는 절대 동업 불가한 일주다.

일주 자체가 火기로 가득 차 있고 일지가 양인(羊刃)의 기운을 가지고 있음에 평상시에는 점잖아도 참다가 한번 폭발하면 물불 안 가리는 매서운 기질을 가지고 있어서 젊을 때는 감정을 제어하지 못하는 기상으로 사건, 사고에 휘말릴 수도 있게 된다.

午火 겁재는 남보다 경쟁에서 우위에 있어야 하고, 지는 것을 죽기보다 싫어한다. 그만큼 경쟁력에서 뒤지지 않으며 마치 터보엔진을 하나 더 장착한 것 같은 힘과 스피드가 있는데 火의 겁재가 더욱 그러하다.

일주 자체가 뿌리가 하나로 연결되어 있어 주변의 시선에 크게 눈치 보지 않는 당당함으로 목표가 정해지면 불도저처럼 밀어붙여 일을 진행한다. 그만큼 자신의 생각 위주로 주도적으로 움직이는 면이 강한데 그러다 보니 마찰도 많이 생긴다. 일지 자리가 겁재 배우자 자리로 배우자의 의견을 수렴하기보다 자기주장이 더 강하다 보니 부부관계에서도 다툼이 자주 발생할 수 있으며 주변인과도 한

번씩 불화, 갈등이 조성되기도 한다.

사주에 壬癸水 관성이 있으면 명예나 지위가 있으면서 火기운을 조절하면서 예의나 행동이 바르고 사고(思考)가 이성적이다. 戊己 토가 있으면 식상관의 발 빠른 행동력으로 土生金하여 재성을 성취하게 된다.

양인(羊刃)은 손에 칼자루를 쥐고 있음을 의미하므로 대의명분이나 큰일을 도모할 때는 의리를 지키며 예를 갖춘다. 몸에 흉터나 수술자국이 생길 수도 있으니 흉운에는 성형이나 업상대체와 함께 마음을 추스르고 내려놓으면 잘 넘어가기도 한다. 양인은 본래 군·검·경과 같은 강한 직업군으로 활인(活人)하면 잘 어울린다.

❖ 12운성

일지 午화는 제왕의 자리에 놓인다. 제왕은 군주의 모습이다. 누구의 지시를 따르기보다는 혼자 독단적으로 일처리를 해 나간다. 인성으로 지식이나 겸손을 갖춘다면 세상 살아 나가기가 쉽고, 더 큰 그릇으로 자리매김할 수가 있을 것이다.

❖ 지장간

丙己丁이 들어 있다. 丙火 비견, 己土 상관, 丁火 겁재다. 비견 겁재가 상관을 생하고 있다. 뜨거운 丙丁火 기운을 己土가 수렴해 주고 있으니, 마치 빛과 열이 모여 상관생재할 수 있게 되어 안으로 열매라는 결과를 만들어 나가는 모습인데 오직 나로서 존재하기에 주변의 기운을 수렴하기는 어려움이 따르니 일지 배우자의 자리가 힘이 들 수밖에 없는 구조다. 관성이 미약하니 사주 내 관이 약하면 직장 생활이 어렵고 개인 사업이나 프리랜서로 활약하면 잘해 낸다.

불같은 기질을 잘 다스리면 살아가는 데 크게 무리가 없고 일지 배우자 자리의 겁재의 모습을 자기 몸의 일부라고 보고 귀하게 생각하고 존중하는 마음으로 나아간다면 부부관계는 훨씬 좋아지고 개선되리라 본다.

❖ 12신살
천간 丙화는 寅午戌운동을 하고 있으므로 일지 午화는 중심 역할을 하는 장성살이 된다. 대장 역할을 도맡아 함으로써 주변을 끌어들이는 역할을 하며 뭐든 주도적으로 이끌어 나가려 하는 중심에 서 있다.

❖ 직업 특성
양인살과 함께 午火겁재의 경쟁력이 있는 군·검·경, 의료, 프리랜서, 개인 사업, 유통, 방송 등과 관련이 있다.

❖ 배우자 인연

• 남명

庚午의 물상으로 공무원이나 직업이 확실하고, 자기의 위치나 자리가 뚜렷하며, 경우 바른 사람을 인연으로 하면 좋다.

• 여명

壬午의 물상으로 깔끔하고 예의 바르며, 직업적으로 안정적인 수입을 가지고 있고, 배우자를 잘 챙겨 줄 분을 만날 수 있다.

(4) 丁未(정미)일주(식신·관대·음간양인)

❖ 성격과 특성

하늘로 머리를 치켜세운 벼이삭이 단단하게 익어 가는 모습이요, 여름에 아스팔트 도로가 이글이글 끌어 오르는 모습을 연상케 한다. 火生土하여 물기 한 점 없는 뜨겁고 메마른 땅이기에 감정선에 서 있어 폭발력을 지니고 있다. 마치 밀어붙이는 불도저 같은 위력이 있고 고함소리 또한 화력이 세다.

丁未일주는 음간 양인이다. 양인은 프로의 별이요, 전문가의 별이다. 음간 양인의 강한 기운으로 일의 진행에 거침이 없이 마음먹은 즉시 움직여서 실행해 버린다.

일지 未토는 먼저, 맛 미(味)의 뜻이 있어 미식가로서 혀끝으로 느끼는 맛의 감각이 탁월하고 섬세하며 식신의 손재주가 좋아 음식 솜씨 또한 좋다. 두 번째, 아닐 미(未)의 뜻이 있어 아직은 설익은 과일이며 겉과 속의 모습이 미성숙하다는 의미하기도 한다.

일지 未토는 식신이요, 식신은 행동력이고 처신이다. 불을 가진 식신이라 다혈질적이고 거침없이 달려 나가는 기질이기에 부지런하고 능동적이라 일을 미루지 않고 달려 나가 해결 하려고 한다.

火식신은 능숙한 말솜씨요, 입담이 좋다. 인성이 없는 식신은 생각하지 않고 바로 내뱉어 버림으로써 화근이 되는데 감정을 실은 언어는 잘못하면 상대에게 상처를 줄 수 있고 운이 나쁘면 관재구설로 남의 입에 오르내릴 수가 있게 된다. 인성의 소통방식으로 생각을 가다듬고 내뱉어야 인간관계에서 오해의 불씨를 남기지 않고 도리어 대접받고 인정받을 수 있다.

식신은 준비정신이며 갈고닦아야 할 능력이고 재주며 기술이다. 매일매일 한 땀, 한 땀 늘어나는 실력이니 급하게 달려가기보다 성실히 준비해서 나아감이 좋다. 식신 양인의 전문가다운 스킬로 무장한다면 유능한 인재로 대접받고 존경받을 수 있을 것이다.

未토 식신은 관성을 자기 입맛에 따라 고치고 바꾸려는 성향으로 감정을 자제하지 않으면 직업의 변동이 잦아질 수 있고 이동이 많은 직업을 선택할 수 있다. 특히 편관이 있다면 식신 제살해서 어려움을 피하지 않고 뛰어들어 직접 해결하는 해결사 역할을 하게 된다. 천간에 있어 壬癸수의 관성이 있다면 일지 식신을 조절하고 관리하는 능력이 뛰어나며 직장생활도 능숙하게 잘할 수가 있다.

천간에 甲乙목이 있으면 인성과 식상의 만남으로 배운 것을 온전히 사회에 써먹게 된다. 일지 未토의 火기를 水와 土로 조절해 나간다면 사회생활에 무리가 없겠다.

여명에 있어 식신은 자식이다. 자식에 대한 마음이 크고 자식복이 좋은 대신, 자식 놓고 未토의 기운이 강해지므로 부부관계가 소원해질 수 있다. 식신은 남편을 위한답시고 잔소리를 하게 되므로 해서 부부관계에 불화가 생길 수가 있으니 관점 전환으로 나 자신의 변화를 먼저 주도해 나가다 보면 상대도 바뀌게 됨을 알아야 한다.

❖ 12운성

일지 未토는 관대의 물상이다. 관대라는 것은 사모관대의 줄임말로 십 대, 이십 대의 젊은 나이에 결혼예복을 입는다는 뜻으로 겉은 다 성장한 어른 모습이지만 마음은 아직 미성숙한 젊은이의 모습이기에 힘은 세고 하는 행동은 열정이 가득 차 누구의 말도 듣지 않고 불도저마냥 밀어붙이지만 아직은 경험치가 부족하고 허술한 면이 많음을 말함이다. 관대의 모습은 머리에 관을 썼으니 젊은 나이에 사회 진출로 기반을 빨리 다지고 성공가도를 달리는 모습을 의미하기도 한다.

❖ 지장간

丁乙己가 들어 있다. 丁화의 비견과 乙목의 편인과 己토의 식신의 조합이다. 편인이 비견을 생하고 비견이 식신을 생하는 모습이다. 편인이 비견을 생한다는 것은 자신의 뜻과 의지를 관철시키는 힘이 강하다는 것으로 본인의 생각과 고집을 쉽게 꺾지 않는다는 의미이며 편인의 생각과 아이디어, 자격을 가지고 비견의 힘과 경쟁력으로 무조건 식신으로 밀어붙이고 옮겨 버리는 행동력이 강한 면모를 보인다.

木훤土의 도식적 부분은 잘되다가도 중도포기나 좌절이 생길 수 있는데 이것은 일에 있어 식상의 질을 업그레이드하라는 의미이기도 하고 편인의 생각을 한 차원 발전시키라는 뜻이 내포되어 있다. 일지 관성이 없으니 확실한 자격을 갖추어 직업적인 부분을 선택해 나가야 오래간다.

일지 火의 식신은 말의 힘이 강하니 언론, 방송, 상담, 교육 쪽과 인연하여 자신의 특기를 살려 나가면 빠르게 성공할 수 있겠다.

❖ 12신살

천간 丁화는 巳酉丑운동을 하는데 일지 未토는 월살이 된다. 물기 한 점 없는 건조한 사막에 맨땅에 헤딩하듯 달려 나가야 하니 어려움과 시련, 고초가 따르기 마련이다. 金의 결과가 바로 앞에 있기에 역경을 잘 딛고 일어났을 때 운에서 발복하고 이러한 근성으로 식신생재해서 성공과 부를 누리게 된다.

❖ 직업 특성

음간양인과 식신의 전문성을 가진 교육, 해설가, 기술자, 스튜어디스, 방송, 상담, 유튜버, 크리에이터와 프리랜서로 활약할 수 있다.

❖ 배우자 인연

• 남명

辛未의 물상으로 인물이 반듯하고 물질의 안정을 중요시하고, 다소 신중하고 예민하고, 현침을 가지고 있기에 자기 기술이나 자격증을 가지고 살아가는 분을 인연으로 만날 수 있다.

• 여명

癸未의 물상으로 머리가 명석하고, 편관의 기운을 가진, 자기 고집과 주관, 책임감이 강하며 다소 미토의 다혈질과 예민함을 가지고 있는 분을 만날 수 있다.

(5) 戊申(무신)일주(식신·병지)

❖ 성격과 특성

土生金하여 무쏘의 뿔처럼 申金을 향해 앞으로 질주하는 일주다. 일간 戊土는 중후하고 포스가 강하며 쉽게 휘둘리는 법이 없다.

일지 申金은 식신으로 내 밥그릇이 申金의 결과물로 눈앞에 있으니 달려 나가 결과물을 쥘 수 있는 능력이 주어져 있다. 일지 申金은 申酉戌의 가을 기운으로 거둬들이는 기운으로 결단력이 있고 카리스마가 있다. 일지 식신 안에는 편재 壬수가 있어 큰 재물이다. 식신 생재하는 기운으로 연결되어 실력만 장착하면 물질의 혜택을 받고 삶을 부유하게 살아갈 수 있다.

토생금의 의미는 안정이다. 무엇을 새로 만들어 시작하고 고생하는 게 아니라 될 것을 알아차리고 그것을 키우고 불리고 늘려 나가는 형국으로, 직장에서 보면 과장 정도의 포스가 되는 기운이다. 천간에 甲乙목이 있으면 직업운이 탄탄하고 庚辛금이 있으면 금생수로 식신생재하여 열심히 재물을 늘려 가는 모습이 된다. 丙丁화가 있으면 재성과 관성을 유지하고 지켜 나가는 모습이 된다.

배우자궁에 있어 남명은 식신생재하니 연애운과 결혼이 좋으며 여자를 만날 수 있는 기회가 많다. 여명에서는 배우자 자리가 절지이니 자식 놓고 부부관계가 소원해지고 식신생재하니 자신이 벌어 가정을 꾸려 나가야 할 경우가 생겨나고 자식과 물질을 더 크게 생각하는 관점이 강하다.

❖ 12운성

병지에 해당된다. 병지는 열심히 달려 나가서 결과를 만들어 내는 역마의 기운이 강함을 의미하니, 움직이고 준비된 만큼 더 큰 결과물을 얻을 것이다.

❖ 지장간

戊壬庚이 들어 있다. 戊土 비견, 壬水 편재, 庚金 식신이다. 戊토 비견으로 壬수 편재를 극하니 투자성이 강하고 매사 적극적이며, 庚금으로 壬수를 식신생재하니 벌기도 잘 벌고 사회생활을 아주 잘 하는 모습이다. 편재 壬수를 천간에 놓으면 일지 申금은 장생이 된다. 계속해서 재성을 만들어 나가는 수원지가 되니 먹고살기에는 부족함이 없다. 만약 자신이 그렇지 않다면 배우자가 그러한 능력을 갖추게 된다.

여명은 자식을 깔고 있으니 남편보다 자식을 귀하게 생각하고 자식에게 투자를 많이 하게 되며 식신의 기운이 관성을 극하게 된다. 지지에 관성이 있다면 직업의 변화수가 잦고 부부관계에도 분리, 이별수가 생기기도 한다. 자식은 庚申의 모습이니 의지하지 않고 홀로서기, 자수성가할 수 있다.

❖ 12신살

戊토는 寅午戌운동을 하니 일지 申금은 역마살이다. 부지런히 움직이고 사회생활, 인간관계 속에서 운이 크게 펼쳐 나가게 되니 일을 만들어서라도 그 역량을 크게 펼쳐 나가는 것이 마땅하다.

❖ 직업 특성

식신과 편재의 역마성이 있는 전기·전자, 통신, 사업, 무역, 광산업, 토건업, 부동산, 프로그램 개발자 등과 관련이 있다.

❖ 배우자 인연

• 남명

壬申의 물상으로 지혜롭고 재성을 만들어 내는 능력이 좋으며 손재주가 좋아 무엇이든 한번 보면 척척 잘 만들어 내는, 귀여우면서 단아한 분을 만날 수 있겠다.

• 여명

甲申의 물상으로 적극적, 긍정적이고 자기 소신이나 책임감이나 자기주장이 강하고 정의로운 분을 만날 수 있다.

(6) 己酉(기유)일주(식신·장생·문창성)

❖ 성격과 특성

土生金하여 己土의 기름진 옥토에 酉金이란 열매를 얻었다. 일지 酉금은 현실적인 결과물이며 식신의 본능적 재능이다. 식신의 재주를 갈고 닦아 나가면 식신생재하여 바로 재물과 연결되어 안정적 수입원이 된다. 식복, 수명복은 타고났으니 처세만 바르게 한다면 먹고사는 데는 지장 없는 일주다.

식신은 손재주요, 金의 식신이니 금손이라 불리며 요리에서부터 컴퓨터, 정교하고 예리한 쇠붙이 등 기계 만지는 솜씨가 남다르고, 고장 난 것을 잘 수리하기도 한다. 酉금 식신이 장생이니 어디서라도 실력을 인정받으며 인기가 있으며 문창귀인, 학당귀인이 있어 학문, 문학, 창작, 예술 쪽에 두각을 보일 수가 있다.

己酉일주는 천간 지지로 다 陰으로 이루어져 안으로 뭉쳐지는 기운이다. 木火운동이 끝나고 金水운동으로 넘어가는 기운으로, 현실적이고 결과 위주의 삶을 추구하고 안으로 내실 있고 단단한 외유내강의 맷집 강한 일주다.

己토는 천간에 庚辛금만 있어도 자신의 식신을 제대로 써먹을 수 있으니 신강약을 떠나서 열심히 사회생활을 영위해 나간다. 천간에

丙丁의 인성이 있으면 일지 식신을 적극적으로 써먹을 수 있는데, 국가자격증을 가지고 사회 진출을 이루어 낼 수 있으며 장인 정신으로 꾸준히 본인의 직업을 발전시켜 나갈 수 있다.

일지 酉金식신은 식신제살의 기능이 있어 편관의 위협과 어려움, 위기가 오면 직면한 문제를 직접 처리해 나가는 해결사 역할을 한다. 일주가 土生金하여 기운이 설기되므로 사주가 근이 있어 왕해야 식신생재 재생관으로 안정적인 생활이 유지될 수 있다. 관성의 기운이 절지, 태지에 놓여 근이 없으면 직업의 변동수가 많을 수 있으니 기술이나 자격을 확실히 갖춰 놓아야 안정적이다. 여명에서는 일지 자식을 두고 있으니 자식애가 극진한데 자식의 기운이 辛酉기운으로 강하니 스스로 독립하고 홀로서기 할 수 있는 자식으로 일찍 사회에 진출할 수 있다.

❖ 12운성
장생에 해당된다. 장생은 본래 인상이 좋고, 하는 행동이 남들에게 호감이 가고 사랑받는 기운이므로 항상 조력자나 후원자가 생기게 된다. 일지 장생이니 식신 酉금을 갈고닦으면 관성을 내 입맛에 맞게 조절하는 능력자가 될 수 있다.

❖ 지장간
庚辛이 들어 있다. 식신 상관을 가지고 있다. 천간에 庚辛이 투출

　　　　　　　　60갑자 일주론

되어 있으면 관성을 극하다 보니 바꾸고 고치고 설계해 주며 변화를 주는 직업성이 좋으며 기술로 특화된 자기 사업, 개인 장사를 하는 것도 잘 맞다.

식상은 부지런함이니 근면성실함이 몸에 배이고 차곡차곡 재성을 쌓아 나가는 모습이다. 지장간에 식상관만 있으니 직업의 변동이 자주 발생할 수가 있다. 酉금 식신에 있어서는 인성의 자질이 필요한데 자격증이나 실력을 겸비해 놓으면 식신을 유효적절하게 잘 써먹을 수가 있다.

여명에 있어 일지 식신은 자식이다. 자식애가 유독 특별나고 자식운이 좋다. 내가 가진 솜씨나 실력은 타고났으나 관을 극하므로 자식 놓고 남편과 무정해질 수 있으며, 인성이 없으면 희생적인 삶을 살아도 인정받기가 어렵다. 남녀 모두 자기 실력을 갖춰서 사회생활 하는 것이 바람직스럽다. 자식기운이 강하니 일찍 독립시켜 의존 없이 홀로서기 하는 것이 좋다.

❖ **12신살**
己토가 巳酉丑운동을 하니 酉금은 장성살이다. 자기 분야에서 최고가 될 수 있는 기술자요, 전문가가 될 수 있다.

❖ 직업 특성

酉金식신의 손재주가 있어 세공, 치공, 의약, 부동산, 수산, 육영, 금속제철, 반도체와 인연이 있다.

❖ 배우자 인연

• 남명

癸酉의 물상으로 깔끔하고 꼼꼼하며 감정이 예민하여 예술방면에도 두각을 나타내고 뭐든 계획적으로 자기 일을 주도해 나가는 순수한 분을 인연으로 만날 수 있다.

• 여명

乙酉의 물상으로 을목의 부드러움과 편관의 책임감과 깐깐함, 약간은 극단적인 면을 보일 수 있고 일지 식신의 부지런함까지 가지고 있는 분을 인연으로 만날 수 있다.

(7) 庚戌(경술)일주(편인·쇠지·괴강)

❖ 성격과 특성

우뚝 솟아 있는 견고한 바위산의 모습이다. 단단하고 맷집이 있으며 혼자의 고독을 스스로 즐기기도 하고 높이 솟은 모습이 하늘과 맞닿아 있어 영험함까지 지니고 있는 물상의 모습이다. 일지 戌土

가 庚금을 土生金해 주고 있으니 천간 庚경은 더욱 단단하고 외골수적인 기질로 오직 자신의 길을 말없이 묵묵히 가는 모습이다. 그래서 괴강인 것이다. 괴강은 우두머리 별이며 전문가요, 프로의 별이다. 누구 말 듣는 것이 아니라 주체성을 가지고 고고하고 고독하게 자신의 길을 꾸준하게 가는 별이다. 웬만해선 흔들림이 없는 생활의 패턴이며, 결국은 자기만의 자격과 아이디어로 성공신화를 이룰 수 있는, 참을성 있고 지조 강한 카리스마를 가진 일주다.

천간 庚금은 丙화나 丁화를 만나면 자기 뜻을 관철하고 명예와 지위를 상승시킬 수 있으며, 水木을 만나면 자신의 자격이나 역량을 끊임없이 추구하고 펼쳐 나가는 기회를 만나게 되면서 물질적 결과까지 만들어 나가는 배경이 되겠다. 대신 신강해야 주체로서 내 것을 챙길 수가 있다.

庚戌일주는 어지간해서 화를 잘 내지 않고 내색을 하지 않는다. 조용하게 자기를 다스릴 뿐, 안으로 근기와 지조를 가지고 있으며 밖의 현상에 쉽게 휘둘리지 않는 내성이 있어 진득하게 내일을 향해 나아가지만, 바뀌지 않는 고지식한 성격 때문에 상대가 볼 때 답답함을 느낄 수가 있다. 꼼꼼하고 자존심이 강하기 때문에 상대에게 실수하지 않으려고 하는 모습이다. 사주 안에 水가 있으면 순응하고 사귐이나 소통이 열려 있고 일지 인성을 식상으로 잘 활용하게 된다.

일지 戌토가 편인이다. 戌토 편인은 지나온 여름의 火를 품고 있고 가을을 지나 모든 것을 마무리한 土이다. 내성이 강하고 경험치가 풍부하며 이미 지략과 기획, 아이템을 가지고 있는 편인이기에 꾸준하게 기술을 배워 가다 보면 일취월장하며 남과 다른 특별한 전문성으로 업계에 이름을 올릴 수 있는 기운이다.

편인은 정인과 다르게 특수성을 살린 직업성이 좋다. 특히 戌토는 천문성의 별이고 土의 기질이라 남을 이해하고 받아들이는 소양을 갖추었으며 땅과 하늘의 마음을 다 가졌으니 넓은 마음으로 많은 사람을 이롭게 하는 기본 마인드를 가져야 하는 일도 잘되고 하늘도 나를 돕는다. 또한 천문성의 기운은 종교나 명상, 수련 등 내적으로 조용히 자신을 숙고하고 마음을 다스려 나가는 공부와도 인연이 깊으니 이것을 직업성으로 활용을 하면 좋다.

일지 편인은 어머니로, 모친의 영향이 청소년기에 큰 영향을 준다. 좋은 분을 만나면 좋은 인성의 그릇이 닦여 인생 전반에 걸쳐 살아 나가지만, 일지가 축술미나 충이나 원진 귀문으로 깨져 있다면 인생 전반에 걸쳐 어머니 때문에 집착이나 가치관의 틀을 못 벗어나 자기 인생을 못 살 수 있으니 그럴 때는 부모와 멀리 떨어져서 상황이나 집착에서 벗어나 온전히 자기 인생을 올곧게 사는 것이 더욱 중요하다.

❖ 12운성

쇠지에 해당된다. 쇠지는 노련미와 참을성이다. 인생을 살면서 부딪치고 어려운 곤경도 처할 일이 여럿 있겠지만 찬찬하게 인내와 끈기와 노련함으로 戊土의 건조한 땅을 개간한다면 성장과 발전을 거듭하며 인생의 만족도를 느끼게 될 것이다.

❖ 지장간

辛丁戊가 들어 있다. 辛금은 겁재요, 丁화는 정관, 戊土는 편인이다. 戊土 편인이 辛금 겁재를 생하므로 겁재의 노련함과 야망, 욕심이 편인의 기술과 아이디어, 아이템을 기가 막히게 잘 활용하여 경쟁력에서 승부하게 되는 인자이다. 丁화 정관이 적절하게 辛금 겁재를 조절하고 있으므로 규범의 틀에서 지나친 행동이나 일을 벌이지 않게 된다. 대신 편인이 정관의 기운을 설기시키는 작용이 있으니 잘해 주고도 결과적으로 자신에게 돌아오는 이익은 적을 수가 있다.

戊土 편인은 활인성이요, 마음 그릇을 크게 넓혀 가는 기운이니 남도 나라는 마음으로 임한다면 반드시 그에 대응하는 좋은 일들이 운에 맞추어 오게 될 것이다. 그저 큰마음으로 받아들임이 중요하겠다.

❖ 12신살

일간 庚금이 巳酉丑운동을 하니 일지 戌토는 반안살이다. 반안은 편안한 말안장 위에서 세상을 바라보고 제 갈 길을 갈 수 있으니 巳酉丑생은 특히 경제적 안정과 부를 마련하는 토대가 될 수 있다.

❖ 직업 특성

개인 자격증을 가지고 오래 할 수 있는 직업성에 도전하라. 미용, 행정공무원, 컴퓨터 관련, 교육 학원, 연구원, 종교인 등 사주 구성에 따라 패턴이 달라진다.

❖ 배우자 인연

• 남명

甲戌의 물상으로 진취적이고 스스로 개척하는 삶을 살며 경제적 안정을 추구하고 교육과도 인연이 있으며, 아끼고 절약하는 것이 몸에 배인 착실한 사람을 인연으로 만날 수 있다.

• 여명

丙戌의 물상으로 아내를 사랑하고 아끼며, 부동산과 인연이 있고, 전문성을 가진 현명한 분을 인연으로 만날 수 있다.

한 번씩 스트레스나 공허함이 올 때는 여행이나 산으로 훌쩍 떠나면 좋다. 마음이 홀가분해지고 무념무상이 되니 말이다. 신경이 예민하고 꼼

60갑자 일주론

꼼한 성격을 조금씩 내려놓고 이 순간을 태연하게 즐기면서 살아간다면 한결 편한 삶을 살지 않을까 한다.

(8) 辛亥(신해)일주(상관·목욕)

❖ 성격과 특성

金生水의 金水 상관이다. 타고난 지략가요, 언변의 대가다. 金이 水를 생하니 水의 흐름을 좋게 하고, 생기를 불어넣으며 亥수 안에 甲목이 있으니 곧 재성을 생하는 구조로 나아간다.

辛亥일주는 일지 상관을 깔고 있어, 머리가 비상하고 똑똑하며 찬스에 강하고 수완, 응용력이 탁월하고 예민하기도 하여 직감, 예지력이 좋다. 자유로운 영혼으로 예술이나 감성적인 부분과 함께 풍류를 즐기면서 자신을 은근 드러내기 좋아한다. 꾸미고 표현하는 것을 좋아하니 언변가요, 달변가로서 화려하고 재치가 있으며 농담도 잘한다. 사주에 인성이 없고 편관이 있으면 음담패설에 욕도 거침없이 잘할 수 있는 일주다.

일지 상관은 자존심의 대명사이며, 자기 잘난 맛에 사는 것이 상관이다. 상관견관이란 말은 자기 비위에 안 맞으면 언제라도 관의 틀을 벗어나겠다는 반항심 같은 것이 강한 인자라 하지 말라고 하면 호기심이 더 생겨 엉뚱하게 일을 저지르기도 한다.

亥水 상관은 水기운으로 지식, 지혜를 상징하고 천문성이라 보이지 않는 이치를 빨리 습득하고 이해하는 데 탁월하며 일간 辛금과 맞물려 상대방의 속마음을 비수같이 꿰뚫는 능력이 들어 있어서 섬세한 면이 있다.

남명에 水火가 강하고 조후가 안 되어 있든지, 신약하거나 귀문과 연결되어 있으면 주색잡기나 신기가 강해져서 곤경에 처하게 되기도 한다. 일지 상관은 상관생재하므로 재성은 곧 돈이요, 안정과 풍요를 의미하므로 재물에 대한 집착과 그것에 관해 활동성도 강하니 남명인 경우 재성이 아내이니 아내를 엄청 사랑하고 아낀다.

❖ **12운성**
목욕에 해당된다. 목욕은 아기를 발가벗겨 목욕시키는 장면이다. 목욕은 자신의 끼와 재주를 마음껏 드러내고 싶어 하고 행동으로 보이고 싶어 하기에 예체능에 탁월한 인자이며 부끄러움은 잠깐이고 자기 행동을 잘 모른다. 음주가무를 좋아하고 본인이 직접 그것과 관련된 직업을 갖기도 한다.

❖ **지장간**
戊甲壬이 들어 있다. 戊토는 정인, 甲목은 정재, 壬수는 상관이다.

상관생재와 재극인 정인과 상관의 상관패인의 구조다. 壬수가 甲목을 상관생재이니 부지런히 환경에 적응해서 정재의 돈을 모은다. 甲목이 일지 亥수의 생지에 놓이므로 재물을 벌어들일 수 있는 능력치와 기회 제공은 항상 열려 있는 형국이니 상관의 수단으로 정재를 모아 갈 수 있는 조건이 좋다. 또한 남명에 있어 상관생재는 능력 있는 배우자를 만날 수 있어 배우자 복이 좋다. 정인과 정재의 재극인의 모습이란, 예를 들어 공부는 해야 하는데 생활비가 없어서 임시방편으로 돈을 벌러 나가야 하는 현실의 모습이기도 하다.

戊토와 壬수의 상관패인은 지장간 戊토의 기운이 약하므로 상관패인이라 보기는 어렵고 일지 상관의 기운이 강해 배움이 약할 수 있으나 천간에 戊토 정인이 있으면 정인의 지식과 지혜를 통해 능수능란하게 자기의사를 표현하는 명강사가 된다. 상관은 지식적인 것을 그냥 보이는 대로 설명만 하는 것이 아니라 내 것으로 만들어 이해하기 쉽게 풀어 설명해 준다. 반대로 말을 너무 능수능란하게 해서 교묘히 사람을 홀린다면 사기꾼이 될 성향도 있으니 올바르게 나의 길을 찾는 것이 중요하다고 하겠다.

남녀 모두 상관은 재성의 만족도를 위해서 직장의 변동이 잦을 수 있음을 암시하고 직장을 들어가서도 상사나 주변 사람들의 행동반경이 눈에 훤히 보이는데 그들의 장점보다는 단점이 먼저 보이므로 참지 못하고 내뱉는 말에 오해의 소지가 생기고 불화, 갈등이 조성되어 직장을 그만두기도 한다.

여명에 있어 상관은 자식이다. 자식 사랑이 대단한데 남편보다 자식을 먼저 챙기다 보니 남편과의 거리가 멀어질 수 있으며 남편에 대한 불만이 커져 목소리가 커질 수 있다. 상관견관이란 자식 놓고 상관의 기운이 강해져 남편을 멀리하게 된다는 의미다. 관인상생한다면 마음으로 배우자를 관용으로 이해하고 인정하며 조화롭게 잘 맞춰 갈 수가 있다.

❖ 12신살
辛금이 申子辰운동을 하니 일지 亥수는 망신살이다. 연예인들은 무대에서 야한 옷을 입고 자신의 끼를 발산한다. 처음엔 수줍고 창피한 생각이 들지만 시간 지나면 그것이 인기몰이가 되어 이름을 날리게 된다. 망신은 좋은 의미로 자신의 재능을 마음껏 드러내란 소리다. 그랬을 때 자신의 지위도 명예도 높아진다는 의미이다.

대신 상관의 지나친 언행으로 자신도 모르게 뱉은 말이 구설수나 망신을 당하게 될 일이 생길 수 있으니 항상 삼사일언(三思一言)함이 중요하겠다.

❖ 직업 특성
언론인, 예체능, 연기, 연출가, 교수, 비평가, 해설가, 작가, 기술자 등과 관련이 있다.

❖ 배우자 인연

- 남명

乙亥의 착하고 선한 영향력이 있는 모성애가 강한 분을 인연으로
만날 수 있다.

- 여명

丁亥의 책임감이 강하고 정이 많으며 인상이 좋고 다정한 분을 인
연으로 만나겠다.

(9) 壬子(임자)일주(겁재·양인·제왕)

❖ 성격과 특성

깊은 바다의 심해(深海)의 모습을 하고 있다. 천간 壬수는 모든 생
명의 시작이며 지식과 지혜의 바다로 이성적이고 합리적 사고의 인
자이며, 일지 子수는 바로 그 생명의 씨앗으로 일지에 자리매김하
고 있으니, 일주 전체가 水기운으로 조후만 맞으면 언제라도 태동
하여 밖으로 결과물을 보여 주는 무한대의 창조성을 가지고 있다.
사주에 木이 있으면 끊임없이 일을 벌여 나가고 쉬지 않고 활동하
며 재화를 벌어들인다.

천간지지가 간여지동으로 한 몸이니 일지가 겁재로서 제 몸을 사랑하고 아끼며 건강에도 신경을 많이 쓴다. 남녀 모두 몸매가 아름답고 건강미가 넘친다. 자신감 있고 대담하고 머리가 좋으니 수단이나 능수능란한 기교가 있어 사회생활을 잘하는 일주이나 자존심 때문에 남한테 잘 수그리지 못하는 기질이다 보니 우두머리 역할을 해야 하는 일주다.

경쟁심과 승부욕이 강하다 보니 상대를 반드시 이겨야 하고 지는 것은 죽기보다 싫어 하니 잠을 안 자고도 기어이 일을 해내고 마는 질긴 근성을 가지고 있다. 일지 겁재는 은근히 남을 무시하고 내려다보는 기질도 내면 안에 들어 있다.

깊은 물속을 알 수가 없듯이 감정을 잘 드러내지 않으니, 그 속을 알 수가 없고 과묵하고 질긴 인내심을 보여 주면서도 이성에게 잘 삐지기도 하는 속 좁은 면이 있다. 이것은 子수가 아직 어린 씨앗이고 섬세하고 예민하기 때문에 오해를 만들어 낼 수가 있는 것이다. 여명 또한 지기 싫어하고 상대와 비교하는 모습을 보여 주기도 하는데 남녀 모두 비밀이 많고 감정을 털어 버리지 못하고 쌓아 두는 경향이 강하다.

일지 子수 겁재는 욕심과 함께 욱기도 있어 양인이라는 폭력성을 지니고 있는데 은근 잔인함도 있어 속으로 숨기고 묵혀 두다가 한

번 폭발하면 쓰나미가 되어 사건, 사고를 일으킬 수 있으니 평상시 묻어 두지 말고 표현하고 풀어내는 것이 필요하다.

水기운이 강하니 戊己토의 관성으로 조절하면 명예나 권력으로 조직에서 이름을 날릴 수가 있으며 사업으로도 성공할 수 있는 기운이다. 水는 본래 木을 키우는 사명이니 사주에 甲, 寅목이 있으면 생기를 되찾아 끊임없이 앞으로 나아가려 시도한다.

❖ 12운성

제왕에 해당된다. 제왕은 군주다. 내가 왕이니 남 밑에 못 있는다. 있더라도 직위가 우위에 있어야 버티고 일한다. 뛰어난 리더십으로 인정받고 일처리 또한 머리가 총명하고 수단이 좋으므로 어디 가서든 인정받는다.

❖ 지장간

壬癸가 들어 있다. 비견과 겁재의 조합이다. 일지 자리는 내 몸이요, 배우자 자리인데 온통 나로 이루어져 있으니 누가 뭐라고 해도 내 뜻대로 인생을 살겠다는 의미가 담겨 있고 이기적이고 실리적인 면이 강하며 치열한 경쟁 구도 속에 살아가는 강인한 모습이다.

비견 겁재는 배우자 말고도 다른 상대가 있다는 것이니 한 사람에게 만족 못 하는 면이 있다. 상대에게 지지 않으려는 자존심이 대단하여 부부 분리의 현상이 빚어질 수 있으니 먼저 배려하고 양보하고 존중하는 마음이 필요하겠다.

水기운이 강하다는 것은 밤의 애정사를 좋아하고 여명은 그쪽과 관련된 직업을 가지게 되기도 한다는 의미다. 水克火하니 물질적인 충족과 자기만족을 위한 사회활동을 아주 열심히 하는 일주이며 자기 몸과 실력을 갖추는 투자는 아까워하지 않는다. 군비 쟁재하니 들어올 때 크게 들어왔다가도 나갈 때는 썰물같이 한꺼번에 나가기도 한다.

❖ 12신살

壬수는 申子辰 운동을 하니 일지 子수는 장성살, 홍염살이다. 대장 노릇을 해야 하는 그릇이 큰 일주이며 여명에 있어 은근히 사람을 유혹하는 매혹적인 기운이 강하므로 남자들이 주변에 많이 모여들기도 하여 밤의 애정사가 깊어지기도 하고 그런 직업을 업으로 갖기도 한다.

❖ 직업 특성

양인의 직업으로 군·검·경, 의약업이 있고, 무역, 통상·교역, 교육, 건설업, 스포츠 등과 연관이 있다.

❖ 배우자 인연

  • 남명

丙子의 물상으로 밝은 면과 차분한 면을 함께 가지고 있고, 안정을 위주로 자신을 잘 관리하고 남편 뒷바라지를 잘할 수 있는 분을 만날 수 있다.

  • 여명

戊子의 모습으로 든든하면서 성실하고, 배우자를 잘 챙기고 자기 여자에 대해서는 은근 집착하는 그런 분을 만날 수 있다.

(10) 癸丑(계축)일주(편관·백호살)

❖ 성격과 특성

엄동설한 겨울의 얼은 동토에 눈이 내리고 있는 모습이다. 설경은 아름다우나 내면은 얼어 있고 외로운 모습이다. 일지가 일간을 土克水하여 차가운 한기로 빗물을 얼어붙게 하고 있으니, 일간 癸수는 불편하고 불안한 심기를 드러낸다. 원래 癸수는 어디라도 자유롭게 움직이고 싶은 기운인데 일지 丑토에 의해 조절이 되고 있으니 통제되고 수축되는 모습이다.

일지 축토는 편관이며 언 땅이다. 사주에 木火가 없으면 새로운 일에 발 벗고 도전하는 것보다는 자격증 등 지적소유권을 가지고 앉은 자리에서 반복적인 일을 해 나간다.

천간에 甲乙목이 있고, 지지에라도 寅卯가 있으면 앞으로 나아가는 추진력이 강해지며 뭐라도 의욕적으로 왕성하게 일을 진행하여 火의 결과적인 재성으로 달려 나간다. 丑은 얼어 있는 땅이기에 반드시 조후가 필요하다. 천간에 丙화나 지지에 巳화가 있으면 추웠던 몸이 온기를 만나 풀어지듯 삶의 비전이나 경제활동을 통한 물질적인 혜택을 받을 수가 있다. 다만, 재생살의 기운이니 반드시 사주 안에 근이 있어야 지속적인 결과를 만들어 나갈 수가 있게 된다.

지지에 午가 있으면 갑자기 얼어 있던 땅을 녹이면 다 녹지도 않으면서 그 주변이 진득하며 지저분해지는 모습으로 서로에게 불편한 심기를 드러내게 하니 丑午 원진 귀문을 만들어 낸다. 서로 원망하고 앙숙적인 관계로 맺고 끊지도 못하는 질긴 인연줄이 된다.

癸丑일주는 백호대살의 위엄이 있으며, 맷집이 강하고 단단하다. 근성이 본래 강해서 쉽게 굴복하지 않고 당당하고 악착같은 기질을 가지고 있어 어떤 일이 주어지면 될 때까지 오기를 부려서라도 일을 진행한다. 자신을 단단히 다지는 다부진 성격의 소유자로, 근이 강하면 군·검·경, 의료 쪽에서도 탁월한 능력치를 발휘하고 책임감도 강하다. 백호의 압축성이라 한 방에 몰아 일처리를 할 수 있고 버텨 낼 수 있는 힘이 있다.

일지 편관은 의협심이고 카리스마적이며 자신이 아니면 안 된다
는 의식이 있다. 그러다 보니 강한 책임감으로 인해 남 일까지 떠맡
아 스스로를 힘들게 과로하는 모습을 볼 수가 있다. 스스로를 힘들
게 하고 가두고 옥죄이게 하는 부담감은 좋지 못하다. 혼자 하지 말
고 함께 진행하도록 인간관계의 폭을 넓혀 나가야 한다.

❖ 12운성
관대 물상이다. 관대는 젊은이의 패기요, 몸은 성숙한데 정신은
아직 미성숙한 상태이니 일과 지성, 지식과 지혜를 함께 겸비하면
막힘없이 잘 살아 나갈 수가 있겠다.

❖ 지장간
癸辛己가 들어 있다. 癸 비견, 辛 편인, 己 편관이다. 편인이 비견
을 생하니 자기 의지를 관철시키려는 집념이 강하고 자신의 뜻과
생각이 강하다 보니 상대와의 마찰이 생기거나 의견 조율이 쉽지
않다. 편인이 편관을 살인상생하고 있다. 어려움을 말없이 받아들
이고 스스로가 참고 견뎌 나가는 모습이며 견딤이 익숙해질 수 있
는 일주다.

남명에 있어 배우자 자리가 동토고 丁丑의 물상으로, 묘지 자리가

되며 편관의 자리이다 보니 재생살의 관계로 잘해 주고도 좋은 결과가 오지 않아 이성과의 관계가 쉽게 이루어지지 않고, 일찍 결혼했다면 편관의 기질로 인해 혹은 건강상의 문제가 생겨 분리가 일어날 수가 있다. 조후가 반드시 필요하고 정인으로서의 보편타당하고 넓은 아량이 필요하다.

여명에 있어 일지 편관이니 자신에게 스트레스와 어려움을 주는 분을 만날 수 있는데 업상대체하여 군·검·경이나 직업적으로 강한 분을 만나면 도리어 물질적, 경제적인 부분이 함께 해소되기도 하고, 아니면 자신이 그런 직업성을 가지고 있어도 일지의 칼자루를 쥐고 나갈 수가 있겠다.

❖ **12신살**

癸수는 亥卯未운동을 하니 일지 丑은 월살이다. 배우자 자리에 성격적 마찰이나 물질적인 어려움이 올 수 있는 부분이 있으니 의지하는 마음을 버리고 당당하게 자기 직업을 가지고 삶을 주도해 나간다면 충분히 극복해 나갈 수 있는 부분이다

❖ **직업 특성**

癸수의 木火운동과 백호살의 위엄 및 일지 편관의 기운으로 홍보, 마케팅, 컨설팅, 언론, 군·검·경, 교육, 법조계, 언론, 의료계 등과 인연이 많다.

❖ 배우자 인연

• 남명

丁丑의 물상이니 물질의 안정과 욕심이 많으며 본인의 전문성으로 재정적 소유를 어느 정도 하고 있는 여성분이 인연이 될 수 있다.

• 여명

己丑의 물상으로 土의 기질을 뭐든 받아들이는 품성을 가지고 있고, 부동산과 인연이 있으니 반드시 조후가 된 분을 만나야 하고, 물질적 기반이 되는 분을 인연으로 만나야 한다.

6) 갑인일주(공망-자축)

(1) 甲寅(갑인)일주(비견·건록)

❖ 성격과 특성

일간 지지가 하나의 뿌리인 간여지동(干與地同)으로 연결되어 있고, 곧게 쭉쭉 뻗은 모습이 거침없이 솟아 있는 푸르른 생명력과 역동성, 강인함을 엿볼 수 있다. 천간 甲木은 앞으로 돌진형이요, 위로 솟구치는 수직운동으로 새로운 시작과 창조를 모색하고 끊임없이 전진하려는 생기가 강하고, 진취적이고 주도적인 모습이며 지지 寅木 역시 땅에서 막 솟아난 어린 씨앗의 파릇한 생기로 새로운 시작과 풋풋함으로 자신감과 당찬 의지로 앞만 보고 달려 나가는 선구자요, 개척자를 의미하기도 한다.

甲寅일주는 소나무처럼 굽힘이 없고 의지가 강하다. 강직함으로 乙木처럼 굴절하지 않기에 융통성이나 임기응변은 약할 수 있으나 자신의 꿈과 목표를 향해 끊임없이 도전하고 앞으로 나아가고자 하는, 긍정적이고 밝고 희망적인 생각의 소유자며, 인정미가 넘치고 약자를 보면 돕고자 하는 仁의 마음이 넘친다. 생각 자체가 건전하고 건설적이며 삶을 모범적으로 스스로 개척해 살려는 마음을 가지고 있어 누구에게 의지하지 않는다. 그 정도로 비굴하게 살지 않겠다는 의지가 담겨 있다.

일지 寅木은 비견으로 간여지동이다. 자기주장이 강하고, 홀로서기하는 기운으로 독립적이고 주관적이며 적극적으로 일을 도모한다. 사주에 水生木하면 인성의 지식이나 실력, 자격증 등을 가지고 그것을 활용하는 모습으로 나아갈 것이고, 천간에 丙丁火가 있으면 꿈과 목표, 이상과 야망을 향해 발 빠른 행동력으로 보여 줄 것이다.

庚辛金이 있어 金剋木하니 관성을 통해 어려움도 극복하면서 자신을 단단하게 다져 나가는 기회가 된다. 戊己토가 있으면 끊임없이 木剋土해서 원하는 결과를 쟁취하고자 한다. 木기운만 너무 강하면 꼰대가 되기 쉬우며 자기 말이 무조건 다 옳다고 주장할 수 있다. 木은 어린아이와도 같아 삶의 경험치가 많이 필요하고 스스로 깨우쳐 나가는 데 있어 시간이 필요하다고 할 수 있다.

❖ **12운성**
건록이다. 건록은 건장한 20~30대를 의미하니 열정과 도전정신으로 앞으로 나아감을 의미한다. 일지 배우자 자리가 건록이고 비견이 있으니 남을 먼저 생각하고 배려하기보다는 자신의 생각, 주장이 옳다고 강하게 어필하기에 배우자 입장에서는 답답함이 생길 수 있다.

고집이면 불통이라 하지 않던가? 아직 경험치나 노련함이 없이 몸에 힘만 잔뜩 주고 있는 상태이니 대화나 소통이 이루어지기가 어려울 수가 있다.

상대는 나의 거울이다. 내 기운 그대로 그 자리에 들어온 분이 배우자이니 만큼 인정하고 존중하는 태도가 곧 내가 배우자에게 인정받고 존중받을 수 있는 모습이라는 것을 항시 잊지 말자.

❖ **지장간**
戊丙甲이 들어 있다. 戊土는 편재, 丙火는 식신, 甲木은 비견이다. 비견이 식신을 생하고 식신은 편재를 생하고 있어, 비식재로 이루어져 있다.

한마디로 행동력이다, 노는 꼴을 못 본다. 생활전선에 발 벗고 뛰어들어 열심히 부지런히 돈을 벌고 있는 모습으로 식신의 실력과 노하우, 경험치를 쌓아 나갈 때 편재의 이득을 취하는 모습이고 활동무대도 넓다.

또한 식신 丙火는 긍정적, 적극적 사고방식과 열린 사고방식을 가지고 있어 매사에 밝고 긍정적인 사고방식으로 살아 나간다. 丙화는 표현이요, 드러냄이다. 언행에 있어 그냥 툭툭 내뱉는 말투로 상대방을 무미건조하게 하지 말고 어디서라도 상냥한 말투로 상대를 배려하고 말로써 복을 지어 보자.

남녀 모두 자식복은 좋다. 특히, 여명에서 丙화가 장생을 깔고 있기에 자식이 자신에게는 생기가 되고 자식이 있음으로 재성을 벌어들이는 목적이 되기도 한다.

❖ 12신살

천간 甲木은 亥卯未운동을 하니, 일지寅木은 망신살이다. 가만히 있지 말고 자신을 알리고 행동으로 보여 주라는 의미이니 寅申巳亥의 역동하는 기운으로 그 역할에 맞는 행동을 하라는 것이다. 대신 언행에 있어 경거망동하면 도리어 망신당할 일이 생길 수 있음을 상기하자.

❖ 직업 특성

목화통명의 쓰임이 있는 교육, 언론인, 방송, 토목, 건설, 섬유, 의류 사업, 약재 사업, 농업 등과 연관이 있다.

❖ 배우자 인연

• 남명

戊寅의 물상으로 사회적 활동이 크고 장생으로 삶의 활력소가 되

며 책임감이 강하고 은근한 귀여움과 고집스러움이 있는 배우자를
만날 수 있다.

• 여명

庚寅의 물상으로 편재의 역동적인 활동성의 기운으로 생활력이
강하고 자기주관이 뚜렷한 배우자를 만날 수 있다.

> 남녀 모두 배우자 자리에 자신의 비견이 있는 모습으로 자기 고집을 먼
> 저 내세우기보다는 상대를 배려하고 이해하는 마음으로 자신의 그릇을
> 넓혀 나감이 오래 부부의 정을 유지할 수 있을 것이다.

(2) 乙卯(을묘)일주(비견·건록)

❖ 성격과 특성

한 그루의 꽃나무요, 과실나무다. 일간, 일지가 모두 푸름과 상큼
함, 생기로 이루어진 일주다. 일간 乙목은 寅午戌운동을 하며 庚금
의 열매를 맺기 위해 사방으로 펼치며 뻗어 나가는 모습이고, 일지
卯목은 비견으로 한 몸이 되어 그 힘을 실어 주며 사방으로 가지를
펼쳐 나간다.

乙卯일주는 정이 많고 긍정적 사고의 소유자이며, 곡각(曲直)으

로 언제 어디서든 주변 상황에 맞춤형으로 행동을 잘해 나가는, 상황판단이 빠르고 민감한 일주다. 지극히 현실주의자며 결과 위주며 계산적이고 목적 추구형이다. 그 목적은 乙목을 빨리 키워 庚금의 열매를 맺기 위함이니 당연히 그리할 수밖에 없는 것이다.

일지 卯는 동물로는 토끼다. 성격이 예민하고 섬세하며 까칠한 면이 있다. 은근히 직감, 예지력도 있고, 사물을 바라보는 관찰력이 예리하다. 현침 물상을 가지고 있어 손끝 재주도 뛰어나다. 뭐든지 확실한 것을 좋아하고 본인 또한 정확하게 행동하고 결과를 만든다. 일지가 비견이므로 누구에게 의지하지 않고 스스로 독립적으로 일을 진행하고 추진하는 능력이 강하고 누구의 간섭이나 구속을 싫어한다. 일주가 한 몸이니 몸매가 좋고 근골이 튼튼하고 건강하다.

일지 배우자 자리에 간여지동으로 비견이 있으니 자기주장이 강하고 뜻대로 밀어붙여 자기 생각을 관철하고자 하는 고집이 강하다 보니, 의견 충돌이나 소통의 부재가 생기게 된다. 서로 각자의 일을 가지고 지나친 간섭이나 의지를 하지 않고 서로의 생각과 가치관을 인정해 주는 것이 현명한 방법일 것이다.

乙목이 가장 좋아하는 것은 천간 丙화다. 태양이 뜨면 초목은 무성하게 자라나고 꽃들은 태양 아래 눈이 부시게 아름다우니 활력이 생기고, 살아야 할 이유가 생겼고 귀(貴)까지 얻은 셈이다. 戊토에서는 옆으로 펼쳐 나가는 잔디의 모습이라면, 습토인 근토에서는 인간이 경작하는 농작물이 된다.

봄에는 천간에 壬수보다는 촉촉한 癸수가 봄비가 되어 乙卯가 잘 자라게 된다.

❖ 12운성

건록은 건장한 20대의 기운이다. 쇠라도 씹어 먹을 정도의 넘치는 열정이고 활력이며 투지다. 木은 시작이요, 창조성이며 적극성이며 앞으로 지속적으로 나아감이다. 부모, 조상의 기운을 새로운 비전으로 재해석하고 발전시켜 자신의 것으로 재창조해야 한다는 의미가 실려 있다. 지금은 1인 1기업 시대로 자기만의 독자적인 창조가 일어나야 할 때다. 乙卯일주는 건록의 기운으로 씩씩하게 나아갈 수 있다.

❖ 지장간

甲乙이 들어 있다. 비견 겁재와의 조합이다. 겁재는 경쟁력이며 속도며 눈칫밥이다. 남보다 빨리 우위를 점해야 내 자리가 생기니 치열한 경쟁 속에서 승부근성을 키우게 된다. 목극토하니 끊임없이 일자리를 만들고 사회에 자리매김할 수 있다. 자기 자리를 구축해 나가며 적극적으로 도전하는 모습이다. 군비쟁재하니 많이 벌고 많이 나가는 경우가 생기니 물질적인 비축을 갖추어 놔야 하겠다.

일지 자리가 비견이라는 것은 언제라도 자기주장이 강하고 개인주의며 실리적, 이기적인 면이 강해 배우자와 이별, 분리가 이루어질 수 있음을 암시하니 항시 각자의 개별적 인격을 인정하고 존중하는 태도가 중요하다.

남녀 모두 丙丁의 기상으로 식상생재로 나아가니 자식을 낳음으로써 더욱 성장하는 모습으로 자식복이 좋다.

❖ 12신살

乙목은 寅午戌운동을 하니 일지 卯는 년살이며 현침살이다. 년살은 도화살이기도 하다. 일지 卯는 밝고 상냥하며 친근하기 때문에 주변의 세력을 끌어모으는 기운을 가지고 있어 인기도 많고 친화성이 좋다.

직업적으로도 자신을 알리는 도구로 쓴다면 주변에 사람이 모여들 것이다. 현침의 물상으로 손재주가 좋고 꼼꼼하고 꾸미는 것을 좋아하고, 섬세하고 디테일한 면이 있어 문서작성, 음식, 미용, 수선, 인테리어, 건축, 의술 등 다양한 분야에서 그 쓰임을 할 수 있는 기운이다.

❖ 직업 특성

비견, 도화, 현침을 활용하는 직종과 관련이 있다. 木火의 기운은 교육적 분야가 많고 문예, 창작, 건축, 인테리어, 음식 장사, 베이커리 가게, 미용, 예체능 등 다양하다.

❖ 배우자 인연

• 남명

己卯의 물상으로 부지런하고 성실하게 자신을 길을 걸어가며, 책임감 또한 강해 가정사뿐만 아니라 맡은 일을 열심히 해내는 현처를 만날 수 있다.

• 여명

辛卯의 활달하고 영특하며 예민하고 섬세함을 지니고 재성을 잘 다루는 재주꾼을 배우자로 만날 수 있다.

(3) 丙辰(병진)일주(식신·관대)

❖ 성격과 특성

아침에 밝게 떠오르는 해다. 밝아 오는 태양을 보고 아이들은 학교로, 어른들은 회사로, 일터로 출근 준비를 서두르는 물상의 모습이다. 앞으로 나아감은 있어도 뒤로 물러남이 없는 활기차고 강한 모습의 일주다. 일지가 식신이니 먹을 복과 수명은 타고났다. 그도 그럴 것이 스스로 부지런히 움직이니 당연히 먹고사는 것에 지장이 없을 것이고, 밝음을 추구하니 부정적이고 게으른 것을 용납 못 하니 항시 바쁘고 분주하게 살아가는 일주다. 아침은 희망이고 꿈이고 시작하는 기운이니 뭐든지 하면 된다는 생각을 가지고 한 발, 한 발 나아가는 욕심쟁이 일주다.

일지 辰토는 심기만 하면 무엇이든 다 자라나는 땅이다. 거기다가 천간 병화의 태양이 떴으니 얼마나 좋은가?

일지 식신은 여명에게 있어 자식이다. 자식이 진토에서 무럭무럭 자라나니 자식복이 좋다. 12운성 역시 관대물상이니 좋은 자리에 취직도 잘되는 자식들이다.

丙辰은 큰손이니 뭐든 뚝딱 잘 만들어 내니 음식 솜씨도 좋다. 사주에 인성이 있으면 자격을 갖춘 식신이므로 자격증을 가지고 자기 분야에서 실력자로 인정받을 수 있는 전문가가 된다. 천간 丙火는 병신합을 하니 현실적 안목을 추구하고 일지 辰土는 식신생재해서 재성의 풍요로움을 얻고자 한다.

❖ **12운성**
丙辰일주는 관대의 물상이다. 젊은 열정을 상징하고 일지 진토는 욕심도 무한정 많고 다혈질이며 뭐든 열심히 적극적으로 임하는 자세로 인생을 살아 나간다.

단지 몸은 젊고 어른이 된 것 같지만 아직은 10~20대 청소년, 청년 시절을 지나고 있으니 내면의 무르익음이 필요하고 언행에 있어서 말을 쉽게 내뱉어 상대방의 마음에 상처를 줄 수 있다. 항상 입에서 나간 말은 화살 같아서 주워 담기 힘들어 관대란 종교물상과도 병행하니 마음의 크기를 키우고 입으로 선행을 베풀고 남을 이롭게 하는 덕행을 행하자.

❖ 지장간

乙癸戊로 정인, 정관, 식신의 조합이다. 정관이 정인을 관인상생하고 식신이 정관을 조절하고 정인과 식신의 조합으로 자격증을 가지고 남을 가르치는 실력을 겸비할 수 있으며 식신이 정관을 보면 바른말을 자꾸 해서 정관을 뜯어고치려고 하는데 그 속뜻은 좋은 말로 사람을 바꿔 볼까 하는 심정이지만 받아들이는 상대는 가르친다는 개념과 잔소리로 기분 나쁘게 들을 수 있음을 의미하니 상대를 일부러 바꾸려 하지 않는 것이 좋다. 결국 자신이 바뀌면 배우자든 상대는 바뀌게 되어 있는 것이 이치다.

여명에 있어서 자식 낳고 관성을 극하는 기운이 강해지니 남편의 하는 일이 무력해질 수 있고 남편과의 사이가 멀어질 수 있으니 식신의 재주나 실력을 제대로 갖춰서 자신의 존재감을 당당하게 보여 주는 것이 서로를 인정하고 존중받게 되는 관계가 될 것으로 보인다.

❖ 12신살

丙화는 寅午戌운동을 하니 일지 辰토는 월살이다. 월살은 확실한
기술이나 전문성을 가지지 않으면 직업의 변동운이 자주 생길 수
있으니 자기 실력을 갖추어야 한다.

❖ 직업 특성

木火의 인성이 있으면 교육 쪽이 잘 맞고, 土金이 강하면 식상생
재하는 영업, 홍보, 마케팅 관련 사업 등과 관련이 있으며, 金水가
강하면 명예를 추구하고 안정을 추구하는 쪽으로 나간다.

❖ 배우자 인연

• 남명

庚辰의 편인의 자격증이나 기술로 자기 길을 고집스럽게 일구어
나가는 괴강의 모습을 띤 욕심 많은 분을 만날 수 있다.

• 여명

壬辰의 편관스러운 묵직함이 있고 책임감이 강하며 머리가 좋고
말수가 적은 카리스마가 있는 분을 만날 수 있다.

(4) 丁巳(정사)일주(겁재·제왕)

❖ 성격과 특성

화려한 붉은 뱀의 모습으로 화력이 대단하다. 일주 전체가 한 몸이 되어 불꽃을 지피고 있는 형국으로 일간 丁火는 빛과 열로 일지 巳 중 庚金인 열매를 열심히 키우는 모습이다. 지장간에 들어 있는 庚金은 정재로 자신에겐 목표물이요, 결과요, 수입원이 되기에 오직 한마음으로 그곳을 향해 열정을 불태우고 있다.

丁巳일주는 겁재를 깔고 있어 계산이 빠르고 현실적이고 실리적인 면이 강하고 성격이 급하고 열정이 강하며 불의를 보면 참지 못하는 근성 또한 대단하며 예의도 바르고 소신도 강하다. 남에게 지는 것을 용납할 수 없기에 승부근성과 순간 판단력과 임기응변 및 적응력이 빠르고 능수능란하다.

조후가 안 되면 다소 과격한 행동과 분노 조절이 안 될 수가 있는데 툭툭 내뱉는 말투에 상대는 상처를 입기도 하고 마음에 앙심을 품을 수도 있다. 말 한마디는 사람을 살리기도 하고 살생의 무기가 되기도 하니 인성의 갖춤이 필요하다.

천간에 甲乙목이 있으면 지성을 갖추고 실력을 겸비하여 행동하고 배려하게 될 것이고, 壬癸수의 관성이 있으면 불꽃의 화력을 잘 조절해 나갈 수 있음이다. 순간 확 타오르다 뒤끝은 없는 일주로 자제력과 인성의 인격 연마가 필요한 일주다. 스케일이 크고 배짱이 좋으며 머리가 비상하다. 소비성에 있어서 쓸 때는 한 방에 쓰기에 나가는 지출도 크며 또한 겁재라 나갈 일도 많이 생긴다.

일지 巳화 겁재는 남의 것을 빼앗는 인자이기도 하고, 자신이 뺏기는 인자이기도 하니 동업은 불가한 일주라고 보면 된다. 주변 사람들에 의한 시시비비나 구설수, 누군가에 의한 모함을 당할 수 있으며, 또 자기가 그런 일을 하는 주인공이 될 수도 있겠다. 인연관계를 잘 맺어야 하며 끊어냄의 분별력이 필요한 일주다.

❖ 12운성

제왕에 해당된다. 제왕이라는 것은 군주요, 우두머리이기 때문에 누구보다 리더십이나 카리스마가 강하고 사물을 보고 판단하는 능력 또한 대단하며 기회 포착이라든지 적재적소에 있어 보이는 행동력이 능수능란하며 일처리에 있어서도 집중력이나 해결 능력 또한 빠르다.

❖ 지장간

戊庚丙이 들어 있다. 戊土 상관, 庚金 정재, 丙火 겁재다. 겁재가 상관을 생하고 상관이 정재를 생하는 모습이다. 겁재와 상관의 조합은 찰떡궁합이다. 교묘하며 조용히 일처리를 완벽하게 하는 모습이고 일사천리로 빠르다.

결국 겁재와 상관은 재성을 취하고자 하니 재물의 안정으로 나아가고자 한다. 겁재는 군비쟁재하고 탈재하니 항시 돈이 있다가도 한 방에 나갈 수 있는 계기가 생기며 겁재의 외도 등으로 배우자와 이별, 분리가 일어날 수 있다. 현찰보다는 건물이나 부동산에 투자하는 것이 좋다. 평상시 언행에 있어 개인주의 성향이 강하므로 배우자나 상대방에게 마음의 상처를 줄 수 있으므로 인성의 갖춤으로 상대를 이해하고 배려하는 마음이 중요하다고 보인다.

❖ 12신살

일간 丁火가 巳酉丑운동을 하니 일지 巳화는 지살이다. 천간지지가 金운동을 하니 결과물을 쟁취하기 위해 맹렬히 달려 나가는 모습이다. 부지런히 움직여서 행동으로 모범이 되고 결과를 더 많이 만들어 낼 수 있으며 지살은 자신을 알리는 것이다. 광고, 홍보, 영업을 부지런히 해야 자신을 알고 찾아오고 부와 귀를 명예를 얻을 수가 있으니 행동력이 중요하다 할 것이며 丁巳일주 자체가 전기, 전자, 정보, 통신, 에너지이니 이 시대에 발 빠르게 대처한다면 큰 성과를 볼 수 있을 것이다.

❖ 직업 특성

火는 언어요, 말이니 겁재의 언어의 유희와 노련미와 순간 센스로 세상을 이롭게 만들 수 있는 일주라고 보면 된다. 전자, 정보, 통신, 그 외 PD, 조명, 방송, 카메라, 인터넷, 가스, 폭발물 취급, 전기, 파일럿, 스튜어디스, 식당, 운동선수 등이 있다.

❖ 배우자 인연

- 남명

辛巳의 물상으로 빼어난 미모와 자기 갖춤과 안정된 직장, 자신을 잘 가꾸고 관리하는 분으로 배우자를 잘 내조할 수 있는 분을 만날 수 있다.

- 여명

癸巳의 물상으로 감성적이며 안정과 평안을 추구하고 긍정적으로 삶을 대하고 아내를 잘 챙기는 그런 분과 인연이 될 수 있다.

너무 독단적이고 이기적이고 다혈질의 기질로 인해 주변에 적을 둘 수 있으며 지나친 투자나 투기로 주변의 배신이나 불화를 조성할 수 있기에 항상 자신을 절제하고, 주변의 인맥을 잘 관리함이 중요하겠다.

(5) 戊午(무오)일주(정인·양인·왕지)

❖ 성격과 특성

戊午일주는 乙木이 일지 午火에 장생하기에 火生土해서 일지 午火의 생조를 받은 戊土가 만물을 무성하게 자라나게 하는 물상이다. 지켜보는 午火 인성의 마음이 한없이 풍요롭고 느긋하다. 성격은 태산처럼 믿음직스럽고 묵묵하고 언행의 신중함이 있으며 아량이 넓고 후덕하다. 주체의식이 강하며 성실하고 책임감이 강하며, 예의 바르고 매사 신중하고 생각이 깊으며 신뢰를 소중히 한다.

일지가 午화의 정인이지만 양인의 기질을 가지고 있어 자기 생각과 주장이 강하고 자신의 틀을 고수하는 아집과 독선이 생길 수 있다. 필요 이상의 말을 하지 않는 편이라 묵직함은 있으나 말수가 적어 답답함을 느낄 수 있는데 식상이 없으면 더더욱 융통성이 없어 타인이 볼 때 자기 잘난 맛에 사는 사람으로 보일 수가 있다.

일지 정인의 마음은 받아들이고 양보하는 마음, 희생하는 마음, 배려하는 마음을 깔고 있다. 관인상생하므로 사주 안에 관성이 있으면 직업성이 좋고 승진운도 따르며 여명에 있어 남편 복이 있다.

戊午일주는 자존심이 강하기 때문에 받아들임에 있어서도 알면서 자신의 마음을 쉽게 내려놓지 못하는 것이 자신이 최고라는 왕지의 마음과 양인의 주체성이 함께 깔려 있어서이며, 목표를 정하면 주저하지 않고 끈기 있게 나아가는 과감성이 있다. 정인은 학문이요, 지식이요, 배움이요, 국가 자격에 준하는 실력을 겸비함을 말함이니 만약, 이러한 인성의 실력을 갖춘다면 대인배다운 면모를 보여 줄 수 있는 일주다.

무엇보다 천간에 庚辛금이 있으면 일지 정인을 식상관으로 소통하니 가지고 있는 재주와 지식을 잘 활용할 수 있으며 자신이 가야 할 길이 정해진다.

일지 정인은 어머니다. 어머니에 대한 마음이 극진하며 자식의 도리를 다하고자 하는 마음이 강하다. 행여 사주의 뿌리가 너무 강하다면 강한 어머니 때문에 도리어 힘들어질 수도 있는 일주이므로 남명에 일지 정인은 부모님 말씀을 거역 못 하고 매이게 되니 아내와의 불화가 생길 수가 있겠다.

❖ 12운성
제왕은 내 위에 아무도 없다. 그렇기에 모든 일을 스스로 처리하고 묵묵히 행동한다.

❖ 지장간
丙己丁이 들어 있다. 편인, 겁재, 정인이다. 편인과 정인이 모두 겁재를 생하고 있다. 戊토라 표현은 하지 않지만 내면으로 강한 승부근성이 있고 제 것으로 취하려는 마음이 강하다. 편인의 예민함과 실속과 정인의 공평하고 나누는 마음이 함께 내재되어 있어 양쪽의 자격과 실력을 식상으로 활용한다면 대인배로 인정받고 존중받게 된다.

인성이 강하다 보니 식상의 부재가 생길 수 있어 표현함에 있어 단답식으로 무뚝뚝함이 있어 소통의 부재가 생기고 융통성이 없을 수 있다. 자식과의 관계에서도 자기 뜻을 관철하다 보니 서로의 마음이 불통될 수 있다.

남명은 인성이 강하니 배우자를 존중하는 것이 아닌, 배우자로부터 존중과 대우를 받고 싶어 하는 이기적인 욕심이 강하고, 배우자를 은근 무시하는 기운이 있어 정인인 어머니와 비교하기도 하고 결국 재극인의 관계로 고부 갈등을 초래할 수도 있다.

여명에 있어 부모를 모시든 시부모를 챙겨야 하는 입장에 설 수 있기에 고부와의 갈등이 따를 수 있으며 지장간 겁재로 인해 배우자의 외도나 이탈로 인해 마음고생을 할 수가 있겠다. 자신 역시도 지지 않는 기질이다 보니 부부관계가 소원해지기 쉽다.

일지 정인의 마음은 자식을 올바르게 훈육하고자 하는 욕심이 있으므로 남명에 있어 관인상생하니 부모를 잘 따르는 자식으로 자식 복이 있다. 여명에 있어서는 한결같은 마음으로 자식을 양육하고 자 하나 식상의 부재로 과도한 애정이나 나의 고정관념에서 자식을 통제하는 면도 있어 자식이 눈치를 본다든가 소통에 있어 답답함을 느낄 수 있으니 식상의 자유로움을 인정하는 태도가 필요하다고 보인다.

❖ 12신살

戊토가 寅午戌운동을 하니 일지 午화는 장성살이고 양인살이다. 장성살은 성격이 대쪽 같고 절대 수그리지 않는 고집과 의지를 가지고 있다. 인성이 장성이고 양인이니 부모가 그러한 분일 수 있다. 인성으로 자신의 품격을 더 높이는 방향으로 나아간다면 관인상생하여 명예와 인정을 받고 삶을 안정적으로 살아갈 수 있겠다.

❖ 직업 특성

정편인의 자격증이나 지적재산권을 통한 火의 인성 활용으로 재무나 회계 분야, 법률·행정, 교육 및 상담 분야 등과 관련이 있다.

❖ 배우자 인연

• 남명

壬午의 물상으로 다소곳하고 여성스러우며 재적인 능력치가 좋아 자산을 알뜰히 키워 나가며, 지혜롭고 가정의 살림을 잘 꾸려 나가는 분을 인연으로 만날 수 있다.

- 여명

甲午의 물상으로 재치 있고 농담도 잘하고 감성적이며 수단이 좋으며 배우자를 아끼고 성실하게 재성을 만들어 나가는 분으로 교육, 언론이나 예술 계통과도 잘 어울리는 분을 만날 수 있겠다.

(6) 己未(기미)일주(비견·관대·음간양인)

❖ 성격과 특성

척박하고 조열한 땅을 일궈 乙목을 키워 내야 하는 한여름의 己土의 바쁜 마음이 엿보인다. 일지 未토는 亥卯未, 巳午未를 마무리 짓는 자리이기에 성장을 끝내고 申酉戌의 완성을 위해 나아가야 되는 자리다.

그러기에 未토는 조급하고 다혈질적인 면이 있어 참다가 폭발하면 물불 안 가리는 음간 양인의 모습을 지니고 있다. 未는 아닐 미의 의미도 있어, 아직은 미성숙의 단계요, 일간, 일지가 한 몸으로 土로 이루어져 있어 기초공사에서 골조를 올리듯 토대를 마련하고 마무리하는 단계라고 볼 수 있다.

일지가 비견이다. 비견의 자립심과 독립심으로 스스로의 길을 개척하고 원칙주의를 선호한다. 일간 己土는 조용한 듯 잘 나서지 않는 품성으로 크게 드러나는 기질보다는 골격을 세우듯 기본에 충실하고 신념이 강한 성격이다. 쉽게 바뀌지 않는 고정관념 때문에 타협이 불가할 수 있다. 부지런하고 근면 성실하고 뭐든 열심히 산다.

천간에 庚辛금의 식상이 있으면 자신이 가야 할 길을 알고 묵묵히 나아가며 甲乙목이 있어 水生木하여 재생관하면 성공 지향적으로 명예를 위해 나아가고, 丙丁화가 있으면 경험과 노하우로 무장된 사주라고 볼 수 있다.

木火가 있으면 木을 길러 내는 교육적 역할을 하고 金이 강하면 자신이 좋아하는 일을 찾아 그 일을 하게 되는 구조가 된다.

❖ 12운성
관대 물상이다. 土의 관대는 착하기는 하나 누구의 말도 잘 안 드는 청소년의 기운이다. 비견과 음간양인이 있다는 것은 웬만해선 자신의 신념과 고집을 꺾지 않겠다는 것이기에 일지 배우자를 만날 때 어려움이 많이 따를 수 있다.

벼가 고개를 빳빳이 들고 있을 때는 아직 설익은 것으로 내면을 채워 나가면 더 큰 성공을 맛볼 수 있을 것이다. 관대물상은 공직이나 종교 물상이므로 직업성이 확실하지 않으면 명상이나 기도, 마음공부와 인연이 많다.

❖ 지장간

丁乙己가 들어 있다. 丁火 편인, 乙木 편관, 己土 비견이다. 편인 편관의 살인상생하는 모습과 편인이 비견을 생하며 편관이 비견을 목극토하는 모습이다. 편인이 편관을 살인상생하는 모습은 처한 상황을 받아들이고 인정하고 끝까지 인내하는 마음이며 편인이 비견을 생할 때는 자신의 뜻을 끝까지 관철하겠다는 의지가 담겨 있으니 고집을 꺾기 어렵고 편관이 비견을 극하니 편관의 책임감과 스트레스나 일의 중압감을 받고 살아가는 의미가 담겨 있다.

편인의 확실한 전문성과 자격을 갖추고 편관의 자리에서 임무를 수행한다면 인정받고 존중받으며 안정적인 삶을 살아 나갈 수 있겠다.

지장간에도 일점 水기가 없으니 남명은 여자 마음을 잘 모르고 고집을 내세우다 보니 부부 간의 불화가 조성될 수 있으나 천간지지에 인성이 있으며 인정하고 존중하는 위치에 설 수 있다.

여명은 甲木이 정관이고 남편인데 일지의 묘지에 있으니 스스로 가장 역할을 해야 할 위치에 놓일 수도 있다. 일지 비견의 자리이니 의지하는 마음보다 사회적으로 독립적인 생활을 하는 것이 당당하고 현명한 방법이다.

　남명에 있어 정재 壬水가 未土에 정관의 형태에 놓이니 배우자 복이 있겠다. 현침과 관대의 종교성과 마음수양과도 밀접하게 연관된 일주이니 자신을 잘 다스려 未土의 그릇을 키워 나가기를 당부 드린다.

❖ 12신살
　일간 己土가 巳酉丑운동을 하니 일지 未土는 월살이다. 未土가 땅이 메마르고 갈라지는 모습이니 사주에 水기운이 없으면 물질적인 어려움과 고초가 따를 수 있음을 말하며 현침은 바늘로 나를 찔러 대는 모습이니 스스로 부채질해서 몸을 힘들게 하기도 하니 업상 대체로 이것을 잘 활용하는 직업으로 간다면 물질적으로도 안정과 위안을 삼을 수 있을 것이다.

❖ 직업 특성
　12운성으로 관대물상이고 관성이 양의 물상이고 土의 형상이니 교육, 외교, 무역, 공무원, 부동산, 건축, 농사, 종교인 등과 인연한다.

❖ 배우자 인연
- 남명

癸未의 물상이니 편관과 일지 비견의 모습으로 책임감이 강하고 촉촉한 단비 같고 남편을 잘 위하는 분을 만날 수가 있다.

• 여명

乙未의 물상으로 부드럽고 현실적이며 재물적인 성취와 욕심이
많으며 역마의 기질을 가지고 있는 분을 만날 수 있다.

> 남녀 모두 일지 비견의 자리에 있으니 서로 지지 않으려는 강한 마음들
> 이 있으니 각자 자기 생활을 통해 자신의 역량으로 풀어 나가면 도리어
> 부부애가 돈독해질 것이다.

(7) 庚申(경신)일주(비견·건록)

❖ 성격과 특성

송신탑처럼 위로 단단하고 쭉쭉 뻗어 나온 물상이다. 일간 일지가
모두 金으로 한 몸이 되었으니 더 이상 변하지 않고 단단하게 굳어
있는 모습이다.

庚申일주는 타협을 모르고 본인 소신이나 주관이 뚜렷하고 강직
하며 의리가 있고 신용에 있어서도 인간관계에 있어서도 맺고 끊음
이 확실하다.

변하지 않는 금 기운이다 보니 모든 것을 본인 위주의 독단적인 행동이나 판단이 앞서 나가기에 사람을 대할 때 부드러움과 노련미가 많이 부족하다. 그러나 내심 마음은 순수하고 깨끗하며 청렴결백함이 배어 있다. 권력과 명예를 소중히 여기므로 자존심에 금이 가는 행동은 용납 못 하고 잘 수그리지 못하는 맹점이 있다.

庚申일주는 숙살(肅殺)의 기운을 가지고 있다. 숙살이란 것은 건강하지 못한 썩은 열매는 가차 없이 떨어뜨리고 온전한 상품성이 있는 열매만 남겨 놓는 기운을 말함인데 그래야 이듬해에 새로운 새싹으로 온전하게 싹을 틔울 수 있기 때문이다. 따라서 불의와 타협하지 않고 사사로운 정에 얽매일 수 없고 정의로울 수밖에 없다. 천간 庚금은 乙목을 만나 乙庚합을 한다. 겉으로 강해 보이지만 내 것, 내 사람에 대해서는 온유하고 자상하다.

천간에 壬癸수를 보면 庚금의 가치를 효율적으로 활용하고 유용하게 써먹을 수 있으니 융통성이 있고 처신을 잘하고 직업적으로도 서비스, 유통, 판매와도 인연이 많다.

사회적으로 명예를 높이고 직업의 안정성을 오래 가져가려면 천간에 丙丁이 있어야 위엄이 있고 높은 자리까지 오를 수 있다. 지지에 巳午가 있는 것은 주위에 드러나지 않고 조용히 제 길을 가는 유형이다.

❖ 12운성

건록이다. 건록은 젊은 청년을 말함인데 젊고 패기 넘치고 열정 하나로 앞만 보고 달려 나가는 모습이다. 대신 노련함과 여유, 이해 와 타협의 받아들임이나 경험치나 적어 대쪽 같고 숙일 줄 모르니 세상의 경험치를 많이 쌓고 겸손함을 유지해 나간다면 크게 문제없 이 사회생활을 하면서 위상도 더 높아질 것이다.

❖ 지장간

戊壬庚이 들어 있다. 戊편인, 壬식신, 庚비견이며, 토생금 금생수 의 구조다. 편인이 비견을 생하고 비견은 식신을 생하는 모습이다. 편인이 비견을 생한다는 것은 자기 생각을 어떻게든 관철시키겠다 는 의지가 담겨 있으며 아이디어, 사상, 자격을 비견으로 담아서 식 신의 행동으로 옮겨 보겠다는 강한 의지를 내포하고 있다. 일지가 비견이라는 것은 동료 같고 친구같이 서로 대화가 잘 통하는 그런 사람을 배우자로 원하고 있다는 말이다.

대신 자존심이 높은 관계로 지지 않으려는 팽팽한 기류가 생겨나 니 각자의 생각을 존중하고 상호 의견을 함께 모아 가는 태도가 필 요하겠다.

❖ 12신살

庚금이 巳酉丑운동을 할 때 일지 申금은 망신살이다. 일지가 寅申

60갑자 일주론

巳亥이며 동(動)하는 기운을 가지고 있으니 직접 움직여서 자신을 드러내고 사람들에게 알리는 과감성이 필요하다. 그것이 처음엔 망신스러움이 있으나 나중에는 명예를 더 높일 수가 있다. 대신 너무 과도한 행동이나 불통하는 모습으로 주변 사람에게 망신을 당할 수도 있음을 나타내고, 寅巳申 삼형살에 노출되면 법정 시비, 구설수에 휘말릴 수도 있으니 너무 자기 고집만을 내세우고 강요하지 않는 것이 좋겠다.

❖ 직업 특성
군·검·경, 교수, 전자, 전기, 컴퓨터 관련, 운송업, 제철, 제련소 등 金 기운과 관련 있는 직업과 인연이 많다.

❖ 배우자 인연

• 남명

甲申의 물상으로 편재의 모습이 사회생활을 잘하고 생기 넘치고 긍정적이며 순수하고 정이 많은 가운데 꿋꿋하게 자기 길을 찾아가는 책임감이 강한 그런 분을 인연으로 만나겠다.

• 여명

丙申의 물상으로 활동적이고 사회성과 사교성이 좋아 여성에게도 인기가 있으며, 재성을 만들어 나가는 사업적 수완이 좋은 밝고 적극적인 사람을 인연으로 만나겠다.

(8) 辛酉(신유)일주(비견·건록)

❖ 성격과 특성

천간 지지로 모두 하나의 완성품이요, 완결된 결정체다. 火로써 제련을 끝마친 金이기에 물기 한 점 없이 건조하고 서릿발 날리는 매서운 기운이다. 본디 金이라는 것은 숙살지기(肅殺之氣)의 특징이 있는데 씨앗이 될 열매만 남기고 나머지는 사정없이 떨어뜨리는 서릿발 날리는 기운이다.

辛酉일주는 톡톡 튀는 카리스마 같은 성격이 누구와 섞이지 않고 상당히 객관적인 성향을 띠고 있기에 사사로운 정에 매이지 않고 냉정하고 차가운 이미지를 가지고 있으며 분별심이 강하다. 대신 마음은 순수하고 맑은 영혼이다.

천간 丙가 있으면 더할 나위 없이 사회로부터 주변으로부터 인기가 있고, 인정받게 되며 명예나 위치가 승격되고, 할 일이 크게 생겨나게 되며 삶이 안정적이다. 마치 잘 다듬어지고 제련된 보석이 화려한 불빛 아래 진열됐을 때 누군가 찾아 주고 독보적인 그 화려함에 취하여 월등한 값을 받게 되는 것처럼 말이다.

천간에 壬癸수가 있으면 자신의 능력을 십분 발휘하게 되며 결국 木으로 결과를 발현시키니 명예보다는 개인적인 가치 실현이 될 수 있다.

辛금 酉금은 각자가 결과물이며 씨종자로서 사주에 재성이 없어도 그 자체가 현물이다. 상당히 현실적이며 실리적이며 계산적이며 냉정하고 이성적, 이지적으로 사물을 대하고 상대를 대한다. 그러니 주변에 사람이 자기 사람이라고 하는 사람 몇몇 빼고는 없다.

일지가 비견이니 몸이 탄탄하고 근력이 있으며 건강하고 남녀 모두 몸매가 멋있고 인물도 준수하여 주변에서도 인기가 많다. 자신의 주체성과 명분이 뚜렷하고 주관이 확실하니 이 고집을 꺾을 사람이 없다. 예리하고 강단도 세고 주도면밀하며 독립성과 정신력이 강하기에 뭐든 밀고 나가는 힘이 강하며, 품격이 있고 깔끔하고 명백한 기질이다.

❖ 12운성
건록이다. 일지가 비견 건록이니 20~30대의 젊은 혈기로 승부근성을 가지고 리더의 길을 가고자 하니 누구 밑에 있기는 쉽지가 않겠다.

경쟁심이 대단하여 상대에게 이겨야 직성이 풀리니 더 열심히 삶을 살 수밖에 없는 일주이며 조직이나 단체나 주변을 이끌어 나가는 데 있어 주도적인 역할을 하게 된다.

❖ 지장간

庚辛이 들어 있다. 겁재와 비견뿐이다. 오직 나로 이루어졌으니 일지는 배우자 자리인데 자기 생각, 고집으로 나아가려다 보니 충돌도 생기고 불화도 생기게 된다. 맺고 끊음이 너무 강하니 유연함의 결핍으로 스스로를 힘들게 한다. 水 기운이 있으면 지혜롭게 처신하면서 행동력을 보일 것이고 土가 과하면 水를 극하니 자기 생각, 고집으로 주변 사람들을 힘들게 할 수도 있으니 주변에 사람이 없게 된다.

부부 사이에도 정보다는 책임감이며 깔끔하고 냉정함과 객관적이며 계산적인 부분이 더 강하기에 물질의 안정은 추구하더라도 부부의 다정함과 인간애의 결핍이 올 수 있다.

❖ 12신살

辛금은 申子辰운동을 하는데 일지 酉금은 년살 도화살이 된다. 일지 酉금은 도화살의 기운을 가지고 있어 주변에게 인기가 많고 주변 사람들을 수중으로 끌어오게 만드는 에너지가 강한 인자다. 남녀 모두 이목구비가 뚜렷한 미남, 미녀가 많다. 도화살의 매력과 비견의 건강한 몸을 잘 관리하고 지성까지 겸비한다면 사회생활을 더없이 잘 살아갈 수 있는 일주다.

❖ 직업 특성

운동선수, 군·검·경, 선박, 철도, 은행, 귀금속 관련, 카메라, 컴퓨터, 반도체 관련 업종, 미용, 정밀기계를 다루는 업종 등과 연관성이 높다.

❖ 배우자 인연

• 남명

乙酉물상으로 자기 남자 하나밖에 모르고 부드러우면서 수그릴 줄 알고 본인 주관은 확실한, 현실적이며 책임감 있게 가정을 잘 꾸려 나가는 분을 인연으로 만날 수 있다.

• 여명

丁酉물상으로 편재의 재성을 다루는 능력, 즉 사회를 잘 활용하고 물질적인 계산이나 실물경제에 감각이 빠르고 현실적이며 주변에 인기가 많은 그런 분을 인연으로 만날 수 있다.

(9) 壬戌(임술)일주(편관·관대·백호·괴강)

❖ 성격과 특성

심산유곡(深山幽谷)으로 깊은 산속 골짜기에서 돌돌돌 물이 흘러내리는 모습이다. 천간 壬水는 차갑고 이지적이며 이성적인 생각을

가진 기운이며 지혜를 상징하고 水라는 것이 눈에 보이지 않는 정
신세계를 의미하므로 일지 戌토와 함께 정신세계로 들어가는 길목
에 있음을 말해 주고 있다.

壬水는 생명을 잉태하는 자리이므로 항상 丁火와 함께 온기를 비
축하려 하니 정재에 대한 집착과 욕심을 가지고 살아간다. 일지 자
리의 戌이 불씨를 가지고 있으니 차가운 壬水 일간으로서는 다행한
일이요, 그 불씨가 재고(財庫)에 놓여 있으니 물질의 창고 자리가
되니 임술일주는 큰 부자가 많은 것이다.

일지 戌토는 인오술(寅午戌)운동의 마무리로 봄, 여름, 가을의 기
운을 모두 저장고에 비축하고 겨울을 준비한다. 戌토은 그만큼 경
험치가 풍부하고 성숙함, 노련함이 묻어 있으며, 모든 물질문명을
마무리하고, 정신문명으로 도래하는 길목에 있는 인자이기에 천문
성이라 하여 하늘문을 여는 자리가 되는 것이다.

일지 戌토 편관은 壬수의 수위를 조절하는 댐 역할을 하며 壬수를
관리하고 통제하려 한다. 어려운 편관의 난관도 잘 극복하는 의지
가 있고 새로운 길을 모색하여 뚫고 나아가겠다는 리더십도 강하기
에 임술일주를 백호, 괴강이라고 하는 것이다. 우두머리요, 지도자
요, 전문가로서 확실한 삶을 살아야 하는 일주다.

그러나 너무 강한 카리스마가 주변을 강압적으로 다스려 나갈 수 있으므로 천간에 甲木이 있으면 목극토해서 술토를 조절하고, 지지에 寅卯가 있으면 견고하게 굳어진 戌土를 식상관으로 조절해 나갈 수 있다.

일지 편관의 삶은 의협심이 강하여 정의로운 길에서 뜻을 같이하는 사람들과 목숨도 불사하여 목표를 위해 나아가는 강인함이 깃들어 있다.

壬戌일주는 정관의 좁은 틀이 아니라, 편관의 넓은 지역과 공간을 확보하고 확장해 나가는 기운이므로 자기 장사나 사업을 하는 사람들이 많을 수 있고 일, 시에 관이 있으면 직장보다는 자기 것을 하려는 성향이 강하게 나타난다.

❖ 12운성

관대는 20대의 배짱과 용기로 무장된 모습이다. 사모관대의 줄임말로 국가의 녹을 먹는 직업성이니 관직과 명예를 두루 갖추는 기운이다. 국가공무원, 정치, 군대 등과도 밀접하게 관련이 있으며, 몸은 20대요, 정신은 아직 미성숙된 모습이니 내면의 수양이 필요한 모습이다.

❖ 지장간

辛丁戊가 들어 있다. 辛금은 정인, 丁화는 정재, 戊토는 편관이다. 정재가 편관을 재생살하고 편관이 정인을 살인상생하고 정재가 정인을 재극인하고 있는 구조다. 정재인 丁화가 일간 壬수와 암합하고 있으니 항상 물질적인 안정을 추구하려 한다. 일지 정재가 배우자이니 남명에 있어서 정재를 많이 아끼고 집착하고 배우자를 은근 통제하려 하니 배우자 입장에선 답답함을 느낀다.

술토 속에 辛금은 보물이요, 씨종자이므로 이미 보물이 들어 있는 형국인데 辛금이 정인이라 현명하고 지식과 지혜를 함께 겸비하고 있어 자격을 통한 재물의 이득을 취하며 문서이니 부동산, 주식을 통해 부를 축적한다. 편관의 殺이 오더라도 잘 극복할 수 있는 일주라고 보면 되겠다.

남명에 있어 戊토는 무술의 괴강의 자식이 되니 홀로서기하는 의젓한 자식이고, 신강하다면 물질적 안정과 명예를 얻을 자식으로 보인다. 여명에 있어서 식신이면 일찍 부모를 떠나 외국이나 타향에서 자립을 하는 자식이 될 수 있으며 상관이면 유산이나 자식으로 인해 마음 쓸 일이 생길 수가 있겠다. 여명에 있어 戊토와 辛금이 살인상생하니 남편의 어려움과 스트레스를 참고 인내하는 무던함이 있다.

❖ 12신살

천간 壬수는 申子辰 운동을 하므로 일지 戌토는 월살이 된다. 월살은 고초살이라 해서 삶의 난관에 여러 번 부딪혀서 자신을 강하게 다져 나가라는 뜻이니 겨울을 지난 씨앗이 더욱 단단하고 잘 자라는 이유가 바로 여기에 있는 것이다. 큰 그릇으로 연마하기 위한 과정이니 인정하고 받아들이면 더 앞으로 나아갈 길이 열릴 것이다.

백호 괴강은 전문가를 의미하니 戌토 속에 정인의 자격을 함양하여 전문가로서 나아감이 삶을 풍요롭게 살아갈 수 있을 것이다.

❖ 직업 특성

일지 편관으로 통제권을 쥐는 사법부 공무원, 군·검·경, 토목, 건설, 수산 관련업, 호텔 관련업 등과 관련이 있다.

❖ 배우자 인연

• 남명

丙戌의 물상으로 똑똑하고 차분하며 부동산이나 문서와 인연이 있는 직업을 가지고 있거나 본인이 그러한 운영을 할 수 있는 재주를 확실히 겸비한 능력의 소유자를 인연으로 만날 수가 있겠다.

• 여명

戊戌의 물상으로 일지 편관을 가지고 있어 카리스마가 있고 괴강으로 고집이 강하고 무던하고 중용을 지키며 생각이 깊은 분을 인연으로 만날 수 있겠다.

(10) 癸亥(계해)일주(겁재·제왕)

❖ 성격과 특성

시원하게 쏟아지는 폭포수의 모습으로 물줄기가 뻗어 하천과 강으로 흐르는 모습이다. 거침없이 흘러서 바다로 나아가려는 것이 일지 겁재의 당찬 욕심으로 표출된다. 천간 癸水는 甲木과 더불어 亥卯未 木운동을 하면서 甲乙목의 생명을 키운다. 癸水에게 있어서 木은 자식이고 癸水가 살아가야 할 이유이기도 하기에 자식 사랑이 끔찍하다.

癸수는 또한 戊土를 만나 火의 따뜻한 온기를 만들어 끊임없이 木이 성장할 수 있는 동력을 만들려고 하니 사주 안에 木火가 있으면 물질적 풍요를 위해 부지런히 움직이고 삶의 활력을 찾아 나서며 꿈과 목적을 위해 쉼 없는 사회활동을 한다.

癸亥일주는 간여지동으로 한 몸이다. 천간 중 癸수는 마지막 음간이고, 일지 亥수 역시 음중의 음이요, 6음이다. 음의 마지막 지지이니 음이 차면 양으로 바뀌어야 하니 삶에 있어 직업의 변화수, 인간관계의 변화수가 많이 찾아오는데 늘 새로움에 대한 호기심, 새로운 것에 대한 도전의식도 강하고 그러한 변화를 통해 성장해 나간다. 무엇보다 물 기운이 강하다 보니 水生木하고자 하는 성정이 강한데 木으로써 물길을 열어 주어야 살길이 열리고, 戊土의 정관으로 수위 조절을 해 줘야 한다.

일지 亥수는 겁재로 자유롭게 활동하고 구속을 싫어한다. 어디 매이는 갑갑함을 싫어하고 한곳에 오래 머물러 있기가 쉽지 않으며 스스로 삶을 일구어 즐거움을 찾고자 한다.

일주 자체가 水기운으로 뭉쳐 있으니 깜깜해서 그 속을 알 수 없기에 무슨 생각을 하고 있는지 알 수가 없다. 대신, 겁재의 임기응변이나 대처가 빠르기 때문에 다른 사람을 은근히 끌어 들이는 기운이 강해 사람들이 많이 따르기도 하며, 본인 스스로도 남의 말에 솔깃해서 잘 따라가기도 한다.

성격이 너무 급하고 지기 싫어하는 욕심과 함께 상황 판단력과 현실 적응력이 빨라 경쟁력에서 절대 뒤지지 않으며 남 앞에 쉽게 수그리지도 않는 성격이다.

머리가 비상하고 지략가이긴 하나 자존심이 강해 참지 못해 한순간 폭발하는 경우가 생기니 사회경험을 통한 느긋한 통찰력과 수양이 필요한 일주라고 볼 수 있다. 일지 亥수는 천문성이다. 순간 찰나의 번뜩임이나 예지력이 있으니 다독과 정보를 통해 지혜를 밝혀 나감이 언어의 품격을 낳고 언변을 이용한 직업성에 크게 쓰임을 다할 수가 있다.

❖ 12운성

제왕이다. 제왕은 위아래가 水기운 한 몸이라 두뇌가 명석하고 총명함을 타고났다. 자신이 하고 싶은 것은 꼭 해야 하는 보스 기질이다 보니 하나를 해도 경쟁력에서 절대 뒤지지 않고 성공한다. 삶의 경험치가 많고 사주 내 관성이 있으면 사람들을 이끄는 경영자가 될 수 있다.

❖ 지장간

戊甲壬이 들어 있다. 戊土 정관, 甲木 상관, 壬水 겁재다. 甲木이 戊土를 상관견관하고, 壬水겁재가 상관을 생하고 있는 구조다. 겁재와 상관이 만나면 능수능란, 다재다능, 눈치가 백단이다. 주변의 상황에 민첩하게 대응하며 분위기를 맞추니 장사를 해도 손님의 비위를 잘 맞출 줄 아는 기운이다.

상관견관은 정관의 직장 생활을 잘하고 있다가 어느 순간 그만두게 되는 일이 생긴다든지, 사업을 통한 겁재의 배신을 맞을 수도 있다. 일지 자체가 겁재인 만큼 동업은 불가하다. 甲木 상관은 끊임없이 정관의 틀을 깨고 세상을 새롭게 만들어 보자는 창조적 발상으로 자신의 주변을 넓혀 나갈 기회를 마련한다.

남명에 있어 일지 자리가 겁재이니 자존심이 강하다 보니 배우자의 생각보다는 자기 생각과 주장이 먼저다. 투자나 사업에 있어서도 의논 없이 일을 저질러 물질적 어려운 상황을 만들기도 하고, 아내 이외에도 다른 이성을 만날 수 있는 경우가 생기기도 한다. 대신 욕심이 많고 책임감 또한 강하다고 볼 수 있다.

여명인 경우에도 일지 자리가 겁재이니 역시 자기주장이 강하고 제 입맛에 맞게 배우자를 바꾸려고 하니 불화, 갈등이 생길 수가 있겠다.

❖ 12신살
일간 癸수는 亥卯未운동을 하고 일지 亥수는 지살이 된다. 지살은 은근히 자신의 주장이나 자기를 알리고 드러내는 직업에 아주 잘 맞다.

움직이는 것과 활동적인 것을 좋아하기에 집에 있는 시간이 별로 없다. 또 그렇지 않으려 해도 친구들이 불러내어서라도 바쁘게 살아가는 일주다. 사주 안에 관이 없으면 직업성이 약하고 직장이 자주 바뀔 수 있으니 프리랜서나 개인 사업 등 개인적인 일을 도모하는 것이 자유롭고 잘 맞다. 직장이라면 전문성을 통한 승부근성과 경쟁력으로 우위를 차지하게 된다.

❖ 직업 특성

일지겁재와 역마성 및 지장간 상관의 활동성과 연관이 있는 언론, 방송, 교육, 예체능, 유통, 운송, 무역, 관광, 외국어 및 물과 관련된 업종과 인연이 많다.

❖ 배우자 인연

• 남명

丁亥의 물상으로 품격이 있고 예의가 바르며 온순하고 내조를 잘 하며 이쁨을 받을 수 있는 그런 분을 만날 수 있겠다.

• 여명

己亥처럼 부지런하고 성실하며 성격이 유순하고 책임감이 강해 직업적으로 안정감을 주며, 스스로 절제하며, 배우자를 아끼고, 가정을 잘 챙기는 분을 만날 수 있겠다.

60갑자

일 주 론

ⓒ 김경채, 2025

초판 1쇄 발행 2025년 3월 12일

지은이	김경채
펴낸이	이기봉
편집	좋은땅 편집팀
펴낸곳	도서출판 좋은땅
주소	서울특별시 마포구 양화로12길 26 지월드빌딩 (서교동 395-7)
전화	02)374-8616~7
팩스	02)374-8614
이메일	gworldbook@naver.com
홈페이지	www.g-world.co.kr

ISBN 979-11-388-4059-0 (03180)